ERTONG JIAOYU WENTI
DE LILUN YU SHIJIAN

儿童教育问题的
理论与实践

徐丽华　陈琦　著

ZHEJIANG UNIVERSITY PRESS
浙江大学出版社

内容提要

　　本书是杭州师范大学小学教育国家特色专业、浙江省优势专业建设的成果。作者在长期的《儿童教育概论》课程的教学与研究中，在对小学在职教师的校本研修指导过程中，对儿童教育所要碰到的理论与实践问题，诸如什么是儿童、什么是儿童教育、儿童教育有哪些基本规律、儿童教育的环境、为什么要进行儿童教育（儿童教育价值观）、怎样进行儿童教育（包括怎样进行儿童道德教育、科学教育、艺术教育、创新教育）、小学阶段儿童教育的师资（小学教师）应该具有怎样的专业特征和素质结构等问题，都有从原理到案例的精心阐述。读者通过阅读全书，能够对儿童教育的基本理论问题及原理有个系统的了解，并且对小学教育实践具有很强的操作性、针对性和指导性。

　　本书不仅适用于培养小学教育专业师范生提高教育基本理论素养的教学用书，而且还适用于在职教师自我提高、校本研修和教育研究的指导用书。

前　言

　　杭州师范大学为全国最早开始培养本科学历层次小学教师的院校之一，其小学教育专业为国家级特色专业、浙江省首批重点专业和优势专业，其专业必修课《儿童教育概论》为学位课程。本书作者为杭州师范大学小学教育专业《儿童教育概论》课程建设的团队成员，自1998年该专业招生以来，在历时十余年教学与研究的基础上，根据作者在杭州师范大学附属东城教育集团、金成小学、余杭艺术教育集团仓前小学指导一线教师专业发展的基础上，不断研讨，并且在本人主编的2004年出版的浙江省重点教材《儿童教育概论》的基础上，重新修改补充完成的。

　　在本书的撰写过程中，作者力求围绕儿童教育的理论问题，力求结合一线教师小学教育的实践需求，力求体现小学教育理论与实践发展的新动向，对儿童教育所会遇到的理论与实践问题，诸如什么是儿童、什么是儿童教育、儿童教育有哪些基本规律、儿童教育的环境有哪些影响、为什么要进行儿童教育、怎样进行儿童教育、小学阶段儿童教育的师资（小学教师）应该具有怎样的专业特征和素质结构，都做了从原理到案例的精心阐述。

　　全书分为两部分。第一部分为儿童教育的理论问题（第一至五章），第一章为儿童与儿童教育，重点探讨了什么是儿童、儿童教育。第二章为儿童与环境，了解了大自然、家庭、学校、社会环境对儿童教育的影响，有助于使其形成合力。第三章为儿童发展规律，为读者展示了儿童发展的基本规律，特别是处于幼儿、小学阶段的儿童的年龄特征及幼小衔接问题。第四章为儿童教育价值观，在阐述儿童价值观历史演变过程的基础上，重点探讨新时期儿童教育价值观的主要内容。第五章为儿童权益，列举了国内外有影响的儿童权益保护的法律法规，探讨了教育与儿童权利保护问题。第二部分为儿童教育的实践问题（第六至十章），分别为儿童道德教育、儿童科学教育、儿童艺术教育、儿童创新教育、小学教师的专业特征及其素质结构，结合国内外相关理论与动向，结合我国基础教育课程改革新要求，结合作者本人的研究成果，每章从概述到实施都做了阐述。全书向读者展示了一个从理论到实践、立足小学、突出小学教师的教育问题需求、视角新颖、案例清新的儿童教育理论与实践的体系，内容具有非常强的启发性、可操作性和借鉴性。

书中有许多作者近年来的研究成果。如第九章"儿童创新教育"为读者介绍的关于"儿童创新行为的观察工具"就是作者近年研制的新成果，读者学习后，可以立即在实践中加以应用。又如第十章"小学教师的专业特征及其素质结构"也是本人的研究成果。"小学教师的专业特征"是从小学生的特点入手，阐述了其不同于中学教师、大学教师的特征；"小学教师的素质结构"则从一般专业人员的素质结构入手，从应是、应知、应会三方面来阐述小学教师素质结构的内涵，富有新意。又如儿童权益保护问题、幼小衔接问题、独生子女教育问题都是小学教育实践中普遍要遇到的，而在同类书中尚少涉及，读来会颇有启发。本书体例也力求新颖。每章由案例引入，提出问题，章后都有结合本章内容的阅读拓展材料，如"小学教师专业标准"、"小学生减负十条规定"等，反映了我国小学教育理论与实践发展的新动向。读者通过阅读全书，能够对儿童教育的基本理论问题及原理有个系统的了解，并且对小学教育实践具有很强的操作性、针对性和指导性。

本书不仅适用于培养小学教育专业师范生提高教育基本理论素养的教学用书，而且还适用于在职教师自我提高、校本研修和教育研究的指导用书。

在本书撰写、出版过程中，始终得到了杭州师范大学攀登工程"本科教学创一流"项目的大力支持，得到了浙江大学出版社的领导、编辑的悉心指导和帮助，在本书规划、内容审定、体例结构方面提出了不少建设性的修改意见，使我们受益匪浅，也使本书增色不少，在此表示衷心的感谢！

在本书撰写过程中，我们还参阅了大量的参考文献，引用了许多一线教师的案例，特向各位作者致以诚挚的谢意！没有你们的研究与实践，就没有本书的质量。最后，还要向我的合作者陈琦老师表示衷心的感谢！编写期间，几经修改，按时交稿，使编写过程成为了研讨过程，成为了协同创新的过程。全书撰写分工如下：第一、二、四、六、九、十章由徐丽华撰写，第三、五、七、八章由陈琦撰写，徐丽华负责全书框架结构的设计与统稿。

徐丽华

2014 年 1 月

目 录 contents

第一章　儿童与儿童教育

⟲ **减负后，一年级期末考试"变脸"**

每年1月中旬，是各小学的期末考试季。2013年8月，教育部发布了《小学生减负十条规定》(征求意见稿)。其中包括，全面取消百分制，实行"等级加评语"的评价方式；一至三年级不举行任何统一考试等。许多小学一年级2014年1月的考试有了新举措。

例如，杭州市采荷二小的期末语文考试"卷子"：

(一)写字——在田字格中书写本学期学过的20个词语。

(二)朗诵——每个学生上讲台表演朗诵，可以配上动作、头饰、音乐等增加表演效果。

(三)阅读——由家长负责填写阅读评价表《我和好书交朋友》，结合语文老师平时对学生的了解评出等级。

杭州学军小学紫金港校区一年级，这个期末考扫地、系红领巾，还有游园活动。游园活动里有语文小谜语和小口算，没有书面考试形式。

小学生为什么要减负？小学阶段的儿童有什么特点？小学阶段的儿童教育又有什么特点？学习本章内容，将有助于你对小学生减负等问题的更好认识。

而这恰恰表明有必要做出进一步的深入分析。尽管人们对什么是儿童的见解各不相同甚至互相对立,事实上却可以被认为是从各个侧面反映了儿童的性质。

1. 儿童是"人"

认识儿童是"人"这一基本性质,就是要看到儿童具有人的遗传因素、人的身心发展规律、人的需要,是具有生命的个体,是处在生命中成长最迅速、最有发展潜力和可能性的生命体。如果对儿童的这一性质认识不足,就会发生儿童教育只见分数不见人的现象。如反映小学生的书包越来越沉,课业负担屡减不下的呼声不断,体罚和变相体罚学生的事也时有发生。如某校一位三年级的学生在作业中因为没用尺子画数学等号,运算完全正确,但仍被老师判了错,并且被老师处罚用尺子画数学等号一百遍;一位五年级的学生因为在练习题中少写了一个解方程的"解"字被老师罚抄一千遍,一直抄到晚上十一点。

如果因为儿童年纪小,就不尊重儿童,就会使儿童的身心受到严重摧残,对他们长大以后的学习、工作和生活带来负面影响。马斯洛需要层次说认为,人有生理需要、安全需要、爱的需要、尊重需要和自我实现需要。所以,儿童也有尊重的需要,不能不尊重儿童。有的媒体批评学校里常见的一种怪现象是当学生向老师问好时,老师却没有向学生问好。有的国家与地区要求教师不能只关注成绩好的学生,在一堂课中至少要请每个学生发言一次。当然,他们班级的规模相对要小一些。但是,渗透其中的关注全体学生、尊重每一个儿童的理念是非常值得我们学习的。

据《文汇报》2003年2月20日报道,已经完成的"促进少先队雏鹰争章活动可持续发展研究"一项课题披露,孩子与成人在对活动项目的选择上意见相左。其调查结果统计如表1-1所示。

表1-1　"跨世纪中国少年雏鹰行动"争章活动项目设立调查

一、最有必要设立的前10个章目	
少先队员	游戏、小实验、阅读、友谊、休闲、外语、小主持、表演、工艺、艺术欣赏
辅导员	组织、自理、心理保健、环保、合作、礼仪、社会服务、安全、小岗位、信息
校　长	自理、组织、礼仪、孝敬、心理保健、合作、安全、环保、信息、法制
二、最不需要设立的前5个章目	
少先队员	歌舞、表演、绘画、家政、法制
辅导员	休闲、小实验、康乐、小主持、阅读
校　长	休闲、小实验、歌舞、户外生活、手工

少先队员、辅导员、校长对争章项目有不同的选择是不足为怪的,问题是最终设立的项目是否考虑到学生的意愿。有关专家指出,在教育上提出以学生发展为本的今天,还是应当尊重孩子的本意,尊重他们的选择,单纯用成人的想法去"干预"未必是好事。

2. 儿童是一个特殊的人群

一方面,儿童具有人的共性、人的需求,他们在人格上是完全与成年人平等的;另一方面,儿童具有与成年人所不同的特性,他们是一个特殊的人群。

首先从年龄的角度来看,儿童是处在特定年龄阶段的人群。联合国教科文组织规定,儿童是指18周岁以下的人群。其次,儿童的身心发展变化迅速。人的身心发展是指人的生命的全过程中,随着年龄的增长、社会生活经验的增加,生理与心理所发生的变化。这些变化不仅有量变还有质变。在生理方面,儿童身体器官和机能从不成熟到成熟,低年龄儿童还需大人照顾。在心理方面,儿童思维发展逐步地由具体形象思维发展到抽象逻辑思维。儿童情感外露,行为富于冲动性,兴趣广泛但不够持久,意志相对薄弱。关注儿童的这一特殊性,就要求我们的儿童教育不能成人化、一刀切,不能一切按照成人的意愿,而不顾儿童的年龄特征与需求。再次,儿童是活动的主体。儿童活泼好动,爱玩是儿童的天性。两个互不相识的天南海北的儿童可以在候车室短暂的时间里玩得不亦乐乎。甚至一开始儿童交友也只是为了玩,能在一起玩,在一起玩得开心,这就是儿童择友的标准。

活动对于儿童来说非常重要。儿童的品德是在活动和交往中形成的,儿童的许多知识经验也是在活动中形成的,他们在游戏中知道了要遵守游戏规则,进而懂得要遵守集体规范、社会法规。上学后儿童的活动范围更广了,还有学习活动。任何儿童的活动都需要儿童的主动参与才能奏效,所以儿童是活动的主体。学习活动、班级活动都要注意尊重儿童对活动内容、形式等方面的需求,这样才能充分发挥儿童活动的积极性和有效性。

综上所述,儿童是指18周岁以下的身心发展变化迅速的活动主体。由于本书主要面向小学教育专业的学生(未来的小学教师)、在职小学教师及小学教育研究者,所以本书中的儿童特指小学生。

三、对儿童观的自觉的反思

儿童观就是对儿童的看法,对儿童本质的认识,是儿童教育工作的指导思想。有句话说得好,一个人有怎样的观念,就会有怎样的行为。反之亦然。不管教师本人是有意还是无意,实际上教师的言行都在一定程度上体现了一种儿童观。所以,每个儿童教育工作者都应该常常对自己的儿童观作自觉的反思。比如：

（1）我是按照或将按照怎样的儿童观来从事儿童教育，或者说我的儿童教育工作体现了怎样的儿童观？因为儿童是在不断发展变化的，且变化迅速，所以我们应该用一种发展的活动的主体的儿童观指导儿童教育工作。教师不能把儿童看死，把"后进生"看做"朽木不可雕也"，应当用欣赏的目光和鼓励的态度看到儿童的微小变化，相信每一个儿童都能成才。儿童的发展性也告诉我们儿童具有多方面发展的可能性，不要过早地、人为地给儿童确定发展方向。

（2）儿童是否就等同于幼稚且有依赖性？儿童不仅有幼稚且依赖成人的一面，也有逐步走向成熟独立的一面。随着年龄的增长，儿童的幼稚性、依赖性将会越来越小，而其成熟性、独立性将会逐渐增强。儿童不等同于幼稚、依赖。

（3）应当怎样去看待儿童的言行？应当用儿童的发展标准来看待儿童的言行，不能用大人的标准来看待儿童的言行。也就是儿童教育工作者必须有一颗童心，成为儿童的朋友，与儿童有一种平等的朋友的关系，而不是居高临下，指手画脚。儿童是好动的，儿童比成人要多释放热量，不准儿童跑跳玩是违背儿童天性的，最终也是阻碍儿童发展的。

（4）儿童的发展是否只是一种量的积累？儿童的发展既有量的发展也有质的发展，有量变也有质变。比如在生理方面，身高、体重都是逐步增加的，体现了一种数量的变化。但是，这一数量的变化速度不是匀速的，在生长发育期，儿童的身高、体重会有一个突然增速的变化。而儿童身体变化到一定程度以后，就会导致性器官的发育成熟，这是一种质的变化。在心理方面，儿童认识事物也会从以具体性、形象性为主，慢慢发展到以抽象性、逻辑性为主，但要借助于具体形象性，进一步地形成抽象思维和逻辑思维。

（5）儿童仅是教育塑造的对象吗？儿童不仅是教育的对象，同时也是主体。因为儿童有主观能动性，所以儿童不是被动地接受教育。随着年龄的增长，儿童的主观能动性越来越强，对老师的依赖性越来越小，儿童的主观能动性即主动性和积极性发挥得越好，教育的成效越大，儿童发展得也越好。儿童有自我教育，有儿童间的互相教育影响，甚至有对成人的教育，如有的家长的吸烟问题，就是在其子女教育影响下才戒掉的。

第二节　什么是儿童教育

学校教育,是在专门的机构里,由专职人员有目的、有计划、有系统地影响受教育者身心发展的社会活动。那么,什么是儿童教育? 与一般的学校教育相比,它有哪些特点? 为了更好地认识这一问题,我们在前面对儿童的总体认识的基础上,进一步地对儿童教育过程中的儿童的特殊性作一个分析。

一、儿童教育过程中的儿童的特点

1. 主动性

儿童教育过程中的儿童的主动性表现在他们具有强烈的求知欲和好胜心,以及对教育活动的强烈的参与性。在儿童教育中要看到并切实地发挥学生的主动性不是一件容易的事情。儿童年龄越小就越难做到。因为家长、教师往往会低估儿童的能力,或者说因为期望他们能做得像成人那样而不放手让他们自己去做。如果因为孩子第一次系鞋带的时候打了个死结,父母就不再给他买系鞋带的鞋子;如果孩子第一次洗碗就打破碗,父母从此就不让他洗碗;如果教师在学生主动回答问题时出错就横加指责,那么,儿童在成长过程中的主动性就会逐步丧失。事实上哪怕是幼儿园里的小朋友都已经具有主动性。吃饭、整理玩具时,总是嚷嚷"我来! 我自己来"、"我自己吃! 不要喂"。小学阶段的儿童主动性更强,因为与幼儿相比他们已经具备了不少的经验与知识,具有了初步的交往合作和思考问题的能力。随着年龄的增长,儿童的主动性更为强烈。然而这还不是我们强调主动性的主要原因。更主要的原因在于儿童是儿童教育过程中不可替代的主体,没有儿童学习的主动性,没有儿童在教育活动中的积极主动参与,儿童教育就可能蜕变为驯兽式的活动。

靠重复强化和外在的诱惑或威胁来维持学习活动和产生学习效果,其后果不仅是学习质量和效益的降低,更严重的是压抑了学生作为人所必须具备的主动性和能动性的发展,影响学生积极主动的人生态度的形成。这就使得他们不能真正体会到学习生活的愉悦,体会到因主动性发挥而得到的精神满足和能力的发展。儿童主动性发展的最高水平是能自觉地规划自己的发展,成为自己发展的主人。这是儿童教育成功的重要标志。儿童能有自己的奋斗目标,能自己安排自修课、课生正处于儿童期,是人的身心发展的重要时期,这一时期的教育,为儿童一生的发展奠定了基础。由于这一时期对人的发展的重要性,就显得非常宝贵,所以人们常称这一时期为"金色的童年"。

小学教育不能只顾眼前利益,而应该更注重他们的可持续发展的后劲。那种急功近利,为了在"考试"、"检查"、"评比"中获得期望的成绩,而不惜以牺牲儿童的身体健康为代价的做法是不得当的。据教育进展国际评估组织对世界 21 个国家的调查显示,中国学生在学校做数学题的时间是每周 307 分钟,而其他国家孩子则为 217 分钟。令人痛心的是,中国学生的这个"计算能力世界第一"的桂冠是以牺牲孩子的创造力为代价换取的。中国孩子的创造力在所有参加调查的国家中只排名倒数第五。

小学教育要适应儿童身心发展规律,这是一条教育的基本规律。但适应并非迁就,小学教育的一个目的就是要开发儿童的潜能,在生理条件允许的前提下使其在品德、智力等方面得到更快更好的发展。小学教育除了传授知识以外,还要关注儿童情感、智力、意志、品质等方面的发展。从某种意义上说,后者可能比前者更为重要。

综上所述,狭义的儿童教育仅指学校儿童教育,它是一种有目的有计划地对儿童进行多方面启蒙的,为儿童一生的发展奠定基础的,促进儿童身心发展的活动。广义的儿童教育还包括家庭儿童教育和社会儿童教育。

第三节　中国独生子女儿童的特点及其教育

所谓独生子女是指其父母一生只生他(或她)一个,也就是说,独生子女没有任何同胞的兄弟姐妹。其中男性为独生子,女性为独生女。独生子女儿童是指处在小学阶段的独生子女。中国自1978年开始在城镇全面推行独生子女政策后,根据国家计生委张二力、陈建利等人的研究,估计截止到1995年我国累计独生子女数已达到8000万。目前,有关研究数据显示,我国累计独生子女数已突破1亿。其中,独生子女儿童数量也急剧上升。如何看待独生子女,如何对他们进行教育,不仅是儿童教育研究的重要内容,而且也是家庭、学校和社会面临的重大现实问题。

一、对独生子女的不同看法

一提到独生子女,很多人就会想到"小皇帝"、"小太阳"、"421综合症"等词汇,不过这并不是一个全面的理解。其实,在中国之外,虽然没有实行人口控制政策,但从20世纪开始,独生子女已成为一个具有世界性的社会现象,有些国家的独生子女已占儿童总数的30%～40%。一些心理学家通过与非独生子女的对比研究独生子女,产生了两种不同的派别:一派强调独生子女的消极方面和弱点,认为独生子女是"问题儿童",身体健康情况不佳,并列出了20余项独生子女不及非独生子女的特点,对独生子女的个性、成长持悲观态度;另一派强调独生子女的积极方面,认为独生子女一切都优越于非独生子女(如生长发育快、早熟、性格和行为特征优越等)。

国外最早研究独生子女问题的是美国心理学家博汉农,他在1898年发表了一篇关于独生子女的研究论文《家庭中的独生子女》,认为独生子女缺乏社会交际能力,存在早熟、自私、娇惯、嫉妒、固执和神经质等缺点。之后德国的医生内特尔根从医学角度出发研究独生子女,于1906年出版了《独生子女及其教育》一书;俄国的布隆斯基从个性心理学出发研究独生子女的性格,博汉农的导师斯坦莱·霍尔也较系统地研究了独生子女问题。他们比较一致地认为,独生子女是"问题儿童"。20世纪20年代,美国心理学家吉尔福特、乌斯特研究认为,独生子女无论在健康状况、智力活动、社会性发展、个性特征等方面,和非独生子女几乎没有差别。独生子女问题也引起心理学家、教育学家、社会学家等的普遍重视,但他们对独生子女的研究结论很不一致。较多的人认为独生子女获得的教育程度要比非独生子女高,但心理健康、自私心、孤独感等与非独生子女比较,没有明显差别。

近年来,我国在有关部门的组织领导下,对独生子女进行了广泛的调查、研究和分析,对独生子女的认识基本上取得了一致的意见:认为独生子女本身不是"问题儿童",也不都是"小皇帝",他们身上存在的问题,主要是由于教育以及所处的环境造成的。研究表明,我国大多数独生子女的成长是良好的;以独生或非独生来区别儿童优劣是不正确、不客观和不公正的。独生子女表现的好坏,不是与生俱来的,而是教育的结果;同样的,非独生子女在不同的教育环境中,他们的表现也是不同的。由此可见,儿童身心发展是有共同规律的。教育者必须遵循这些共同规律进行培养教育,才能取得良好的效果。但是,独生子女儿童由于"独生"在不同的家庭,在不同的条件下成长,确实会产生一些独特的心理状态,探索独生子女儿童的特点,对于提高独生子女儿童教育的有效性,具有十分重要的意义。

二、我国独生子女儿童的特点

1. 独生子女儿童的兴趣更为广泛且强烈

首先,独生子女儿童在家庭中可以享受比较优厚的经济待遇,物质供应充裕。因为只有一个孩子,无论高收入或低收入家庭,都千方百计地满足孩子的需要,保证独生子女儿童有充分的营养、生活用品、玩具和图书等。这有利于孩子体力和智力的极早开发,有助于激发孩子的兴趣。其次,独生子女儿童的家长有较多的精力和时间对孩子进行早期教育,从而有利于促使孩子视野开阔、求知欲提高、思维敏捷、知识面比较丰富、兴趣较为广泛而强烈。

独生子女儿童在物质、精神和社会等诸多方面都有较强烈的兴趣,表现出较高的渴望度。在物质上,独生子女儿童往往因为衣、食、住、行等条件比较优越,小朋友中间易互相攀比,追求"高质物新"。父母心理过程中的凝聚力在这种情况下显示作用,按照子女的需求不断地更换玩具、调整食品,使子女的欲望变化得到满足,容易导致独生子女存在挑吃(偏食或吃独食)、挑穿等毛病。这种挑吃挑穿的现象是心理特征的外部表现,实际上是物质兴趣的一种心理转移,是个性特点的表露。当独生子女随着年龄的增长,从家庭进入学校或走向社会以后,视野变宽阔了,心理上也随之发生新的变化,对外部世界有一种显著的新奇感,表现出极高的兴趣,其精神兴趣和专门的社会兴趣也日趋发展。

2. 独生子女儿童具有较强的竞争内动力

因为只有一个孩子,所以家长往往盼子成才心切,使独生子女在家庭中得到众多期望,因而他们具有期望优势,易于形成进取心、自信心和荣誉感。这有利于形成独生子女儿童的自信心和自我提高需求。此外,独生子女在家庭中的"中心"地位,也使他们形成了"拔尖"和较强的占有欲望。在与其他人接触、争斗、抗衡中逐渐找到了自卫、自强的方法,产生一种求胜心理的内动力。即独生子女害怕别人欺负,总是要在各方面武装自己,这使他们形成了竞争的最初动力。然后经过学校和社会的教育,有了正确的引导,在认识客观事物的过程中不断完善自我,奋发向上的动力逐渐加大,这就为其以后去获取事业上的成功奠定了基础。

3. 独生子女儿童的社会化程度较差

独生子女由于在家庭中没有"儿童伙伴",缺乏与同辈人交往的实践,因此容易表现出性格上的孤僻和感情上的自私,在集体生活中出现不合群行为,社会化程度较差。独生子女在成长过程中本来就缺少伙伴,加上一些望子成龙心切的父母常常给孩子增加许多"学习"内容,因此,儿童被有意或无意地剥夺了与同龄人交往的机会,致使独生子女缺乏社交意识,社交能力更是低下。他们有热情,思进取,张扬个性,但缺乏社会责任感。任性、脾气大、与人合作能力差,是大多数独生子女心理品质上的弱点。

4. 独生子女儿童较为任性和娇气

首先,因为只有一个孩子,家长的内心深处常常担心着孩子会出这样或那样的事,在家怕孩子冻着、饿着,出门怕孩子受凉感冒、出车祸,事事代劳,从而形成独生子女的"娇"与"骄",并依赖成性,或胆小怕事、意志薄弱。其次,家长对孩子感情过浓,爱抚过度,对孩子合理或不合理的要求,一概满足,从而逐渐形成其任性的性格,养成"说一不二"的"小霸王"作风:只知受爱,不知关心他人。独生子女的情绪、情感特点非常突出,爱激动,好发脾气,较任性和娇气,对这一点的认识得到各种观点的普遍承认。

5. 独生子女儿童生活能力较弱

独生子女父母对子女具有较高的凝聚力,在生活照顾上慎之又慎,细之又细,凡事不准孩子动手,对孩子的自理能力非常不信任,这样就使独生子女在生活上缺少实践的机会,凡事依赖父母,久而久之,一种依附心理逐渐形成,与非独生子女相比承受生活压力的能力较差。中国有句俗话,"穷人的孩子早当家",不是一点道理也没有的。穷人的孩子一般不是指独生子女,在多子女而生活又比较困难的家庭中,一般的长子或长女都要代替父母支撑半个家庭,首先是看管弟弟、妹妹,其次是操持一部分家务劳动,在实践中生活能力得到锻炼和提高。在这一点上,独生子女就显得差距较大。

三、对独生子女儿童的教育

随着我国计划生育政策的推行,中国城乡都出现了越来越多的独生子女。针对独生子女儿童的特点,实施有效的教育对策,不仅是独生子女儿童健康成长的需要,而且也是提高我国整体国民素质的需要。

1. 要树立正确的独生子女教育思想

首先,要正确认识独生子女儿童。从总体上来看,我国独生子女儿童的发展是正常的,但与非独生子女相比,他们在家庭环境、亲子关系和在家庭中的地位等方面有很多的不同。独生子女在成长中表现出来的诸多优点与问题,并非是天生的,在很大程度上是所处环境和受成人影响的结果。其次,要认识到独生子女的年龄特征。南京大学社会学系教授风笑天等人对独生子女的调查研究发现,年龄越小的儿童中,独生子女与非独生子女的差异越大,随着年龄的增大,两类儿童之间的差异在逐渐减小,不同之处越来越少。尤其是到了高中和大学阶段,两类儿童之间的差异几乎完全消失。因此,在独生子女儿童的成长过程中,家庭教育、幼儿教育、小学教育起着更为重要的作用。

2. 改善独生子女的家庭教育环境

如前所述,独生子女儿童身上存在的一些缺陷,有许多是家庭教育中存在的问题所致,如家长的过度保护、溺爱娇惯等。家长要明确国家对独生子女和非独生子女的教育方针和培养总目标都是一样的,即要使他们在德、智、体各方面都得到生动活泼的主动的发展,成为社会主义的建设者和接班人。因此,家长要着眼于国家的需要,突破个人单纯的家庭感情因素,按照国家的教育方针和教育规律,用科学的教育内容和方法来培养教育独生子女。如在家庭生活中家长要淡化"独生"概念,不给独生子女以家庭中的特殊地位,要始终使他们明白自己在家庭中是普通的一员,合理的要求可以满足,不合理的要求绝对不行,避免娇气任性。要让孩子从小参加力所能及的劳动,培养孩子的劳动习惯。

3. 提高学校教育的社会化功能

学校教育本身就具有促进儿童社会化的功能,但是独生子女儿童有其特殊性,所以学校教育要采取针对性措施,提高其促进独生子女儿童社会化的功能。

首先,教师要对独生子女儿童有正确的态度。随着学生中独生子女的比例越来越高,教师应当正确看待独生子女学生。既不把他们看成是"问题儿童",从而歧视他们;也不能认为独生子女更为优越,对他们搞特殊化。每一位独生子女来到学校后,都是一样的学生,教师对待独生子女与非独生子女应一视同仁。同时,根据独生子女的特点,开展针对性的教育帮助。其次,学校要开展丰富多彩的集体活动,如课堂教学学习活动、课外科技、文体、劳动、参观访问以及其他社会实践活动。因为群体生活有助于培养孩子团结、友爱、活泼、勇敢等个性心理品质,可防止独生子女儿童因缺乏同辈伙伴而产生孤僻、不合群的心理。在活动中还可以增强他们的体质、发展智力、培养各种兴趣和能力,提高他们的社会化程度。

◇ 阅读资料

教育部《小学生减负十条规定》(2013 年 8 月 21 日征求意见稿)

小学生减负十条规定

一、阳光入学。各地要在大力推进义务教育均衡发展的同时,严格实行免试就近入学,招生不依据任何证书和考级证明。实行信息公开,县区教育行政部门要利用网站等多种方式向社会公开每所小学和初中的招生计划、范围、程序、时间和结果,积极推行统一的网上报名招生。

二、均衡编班。按照随机方式对学生和教师实行均衡编班。严禁以各种名目分重点班和非重点班。编班过程要邀请家长、社区代表、人大代表和政协委员等参加,接受各方监督。

三、"零起点"教学。一年级新生入学后,要严格按照课程标准从"零起点"开展教学,不得拔高教学要求,不得加快教学进度。

四、不留作业。小学不留书面式家庭作业,可布置一些适合小学生特点的体验式作业。积极与家长、社会资源单位联动,在确保安全的前提下,因地制宜地安排学生参观博物馆、图书馆、文化馆等社会设施,组织参加力所能及的手工劳动、农业劳动。

五、规范考试。一至三年级不举行任何形式的统一考试;从四年级开始,除语文、数学、外语每学期可举行 1 次全校统一考试外,不得安排其他任何统考。每门课每学期测试不超过 2 次。考试内容严禁超出课程标准。

六、等级评价。实行"等级加评语"的评价方式,采取"优秀、良好、合格、待合格"等分级评价,多用鼓励性评语,激励学生成长。全面取消百分制,避免分分计较。

七、一科一辅。教辅材料购买遵循"一科一辅"和家长自愿原则。学校和教师不准向学生推荐、推销或变相推荐、推销任何教辅材料。

八、严禁违规补课。学校和教师不得在课余时间、寒暑假、双休日和其他法定节假日组织学生集体补课或上新课。公办学校和教师不得组织或参与举办"占坑班"及校外文化课补习。

九、每天锻炼1小时。按照国家课程方案上好体育课。安排好课间操、眼保健操或大课间活动,确保学生体育锻炼时间。

十、强化督查。各级教育督导部门要对减负工作定期开展专项督导检查,每学期公布督导报告。县区教育行政部门要严格责任追究,对加重小学生课业负担的有关负责人和直接责任人进行问责。

思考题

1. 谈谈你对儿童、儿童教育的看法。

2. 当前我国儿童教育存在的主要问题有哪些?

3. 举例说明儿童差异性特点的表现,并制定相应的对策。

4. 谈谈你对儿童教育基础性与发展性的关系的认识。

5. 谈谈你对小学生减负的看法。

6. 统计你所任教班级的独生子女人数,观察研究其特点,并提出相应的教育对策。

第二章 儿童与环境

沉迷电脑游戏的小磊

小磊坐在教室里，没心思听老师讲课，他急切地期待着放学。放学铃响过，小磊第一个冲出教室，他要干什么？去玩游戏机。这一段时间总是这样，沉迷于游戏机，由于在游戏机上花费了过多的精力，他的学习成绩直线下降。老师知道了他的这一不良行为，也对他进行了多次教育，可效果总是不好。每当他走过游戏厅，心里就直痒痒，于是不由自主地又走进游戏厅，津津有味地玩着，常常为此忘记吃饭，忘记做作业。进不了游戏厅，他就会在家里玩个痛快。双休日、节假日对于小磊来说，那简直胜似过年，因为可以有足够的时间让他尽情地玩游戏机。他越玩越上瘾，以致除了对游戏机感兴趣外，别的什么事都不想做。因为他玩游戏机的事，他的父母非常生气，也狠狠地揍过他，可收效甚微。

为什么小磊会如此沉迷于电子游戏呢？原因是多方面的，除了游戏本身的魔力、小磊自己的好奇心驱使外，家庭因素是个不容忽视的原因，如父母缺乏管教、家庭不和等。此外，有的学校管理过严、约束过多，缺乏素质教育内容，推行应试教学模式，为考试而读书，管理刻板教条，剥夺学生探索、好奇、兴奋的需要，也是一个重要原因。因此，对小磊的教育也需要家庭、学校、社会等方面形成合力。所以，儿童教育是一个系统工程，本章将讨论儿童教育的环境因素及其所起的作用，这有助于提高儿童教育的成效。

影响儿童成长的环境因素有自然环境和社会环境。自然环境即大自然在改变儿童性格、陶冶情操、增长才干方面起着重要作用。社会环境包括学校、家庭、社会。学校在促进儿童社会化及个性发展方面有重要作用。家庭教育的特点,决定了家庭教育在促进儿童品德、智力、体质、美感、劳动技能等方面具有的独特作用。社会文化对儿童的影响是全方位、多层次的。了解儿童与环境的关系,有利于充分发挥环境在促进儿童成长方面的作用。

第一节　儿童与大自然

环境是指人生活在其中并给人以影响的客观世界,包括自然环境和社会环境。自然环境即大自然,是指环绕个体周围的天然存在的一切自然条件,如大气、水、土壤、气候等。

许多学者都阐述过大自然对儿童发展的作用,如孔子在《论语(雍也)》中说过"知者乐水,仁者乐山"。苏联教育家苏霍姆林斯基也非常提倡儿童与大自然的亲近,他说,"我们尽力使每一个学生在青少年时期真正地看到田野、树林和河流,到过那些无名的偏僻的角落,因为正是这些东西的独特的美构成了我们祖国的美"[1];"到艺术语言的发源地去,即到大自然,到美的世界中去"[2];"对周围世界的美感能陶冶学生的情操,使他们变得高尚文雅,富有同情心,憎恶丑行"[3]。丰子恺先生强调了大自然对儿童的艺术感染力,他说:"对于自然美的真实的爱护心,尤为美的教育上的要务,自然是美的源泉,艺术的源泉,亦可说是人生的源泉。"[4]所以,大自然对儿童成长具有多方面的影响力,归纳起来主要有以下几点:

一、大自然可以改变儿童的性格,陶冶儿童的情操

人都在一定的环境中生活,人的性格的形成和发展与周围环境有着密切的关系。生长在山区的人出门就要爬山,性格比较坚强;北方地域宽广,所以北方人比较容易形成豪爽的个性;南方沿海城市经济比较发达,在商品经济的熏陶下,南方

[1]　苏霍姆林斯基.和青年校长的谈话[M].上海:上海教育出版社,1983:107.

[2]　同上,102.

[3]　同上.

[4]　丰子恺.《美的教育》译者附言[J].教育杂志,1937,23(2).

人往往会给人留下比较精明的印象。这些都说明儿童周围的自然环境会对儿童的性格形成产生一定的影响。有人做过实验,把一组平时性情比较忧郁孤僻的儿童带到农村去生活,以田野和森林为课堂,让他们自由活动。几个月后这些孩子都不同程度地性情开朗了,反应也变得特别灵敏。相反把那些本来比较活泼的孩子安排在一个特殊的与自然完全隔绝的环境中生活几个月后,一个个都变得郁闷沮丧、反应迟钝。由此可见,大自然对儿童性情的影响是很大的。

人本来就是大自然的一个组成部分。春天万物萌生,夏日百花盛开,秋季果实累累,冬日大雪纷飞。这一切都可以使孩子感到兴奋愉悦,这种作用是潜移默化的。如果我们能让孩子多接触大自然,那将会使他们的情感变得更加丰富,性格日趋完美。

大自然可以唤起儿童对生活的热情,培养他们对祖国、对人生的热爱。在广阔无垠的自然界中,处处充满着瑰丽的壮丽景色。可以说处处都是进行爱国主义教育的大课堂,人们在饱览祖国大好自然风光的过程中,由热爱山水之美而到热爱生活、热爱祖国这是很自然的。泰山之雄,峨眉之秀,黄山之奇,华山之险,普陀山之幽,天生丽质的西湖,秀甲天下的桂林山水,让儿童经常接触大自然,游览名山大川、名胜古迹,可以开阔胸怀,砥砺品行并激发儿童心灵深处潜藏的爱国主义热情。

二、让儿童多接触自然风光,可以增长知识和才干

儿童是从接触具体形象的事物开始认识世界的五彩缤纷的,大自然为他们探索未知世界提供了无穷的源泉。无论是一朵花、一株树,还是一座山、一条河,都是儿童学习知识的活的教科书。古人把读万卷书、行万里路,看成是成才的一条规律。实践也证明读书是提高理性知识的基础,行路是丰富感性知识的途径。把欣赏祖国自然风光同五千年历史文化联系起来可以增长知识,培养和造就人才。从历史和现实来看,很多优秀人才的成长,许多不朽之作的问世,都与投入大自然的怀抱密切相关。如西汉的司马迁,早年就踏遍中华大地,到处考察风俗,写下了历史巨篇《史记》。明代的徐霞客半生探询于名山大川,写出了千古奇书《徐霞客游记》。大发明家爱迪生的母亲,经常带他领略大自然的美,并培养他做各种试验的兴趣,正是这种生动形象的教育和熏陶,使爱迪生的形象思维和想象力得到了训练,为他成长为一个伟大的发明家奠定了基础。著名生物学家达尔文乘勘探船环球 5 年,进行了大量的观察和采集,写出了《物种起源》一书。

近年来,国内外出现了许多专为儿童设计的绿色课堂,虽然名称各异,但其目的都是相同的,就是为了让儿童更好地与大自然亲密接触,从而更好地促进儿童的

发展。如日本的"自然教室"与"修学旅行"①。"自然教室"活动正式始于1984年，促使文部省颁布这一决定的是日本那须甲子少年自然之家的调查。这项调查指出，随着日本经济的发展和国民生活水平的提高，都市化现象日益加剧，青少年接触自然的时间少了。调查发现，青少年学生没有在黑暗中走过路的有8％，没有在河川湖海中游过泳的有22％，没有爬过比自己高的树木的人有18％。调查引起文部省对中小学生自然活动的重视，要求日本全国各地中小学将"自然教室"作为中小学教育的一环，让学生在老师的带领下，花一定的时间，以住宿的形式去远离闹市的青少年之家，通过切身的实际体验，进行各种在学校难以实施的丰富多彩的教育活动。"修学旅行"则是与"自然教室"异曲同工的另一种让学生走进自然的形式。俄罗斯的"周围世界"是小学一至四年级的一门课程，该课程的目标指向是在对周围世界的体验中，培养学生的情感和创造精神。

　　我国许多城市都建立了中小学"学农基地"、"学军基地"、"德育基地"等，让学生定期到大自然、军营及各种类型的纪念馆、博物馆，学生可以学到在学校、课堂、书本上学不到的知识，可以有在城市、学校、家里所不能体验到的情感。有些城市中小学与农村中小学建立起的"手拉手活动"也是一种深受学生欢迎的形式。"手拉手活动"就是城市、农村孩子互相定期到对方所在地生活一段日子，观察在城市或农村里看不到的美丽的大自然和社会景观，以进行开放式教育，让学生走进自然，走进社会，开阔视野，增长才干。

---

① 朱永新等.当代日本中学生与教育[M].苏州：苏州大学出版社,1999：88－91.

第二节　儿童与学校

社会环境包括学校、家庭和社会。其中,学校是一种特殊的环境,学校教育在儿童成长过程中起着主导作用。学校对儿童的影响作用是方方面面的,我们主要从学校促进儿童社会化、个性发展两方面来阐述学校对儿童的功能。

一、学校对儿童的社会化功能

社会化是指个人学习知识、技能和社会规范,发展自己的社会活动能力,取得社会成员的资格的过程。通俗地说,社会化就是孩子从出生到成人的过程。一个人刚出生时可以说是自然人,正是通过人与人之间的相互作用和影响,特别是学校教育的影响,才慢慢从自然人变成社会人。

美国精神病学会给儿童制定的"社会化"诊断标准很有参考价值[①]:① 至少有一个同龄的朋友,并且友谊至少维持六个月之久;② 在看不到什么好处的情况下能够主动帮助别人;③ 当他做了错事,造成了明显的不良后果,但未被人发现的时候,能够主动认错;④ 别人做了对他不利的事时,能够原谅别人,不指责也不告状;⑤ 对朋友或同伴的福利表示关心或者能够分享别人的幸福和快乐。如为别人生日、考试优秀、获奖等感到高兴,主动向别人祝贺。一般来说,在上述五条标准中,6 岁以下孩子应至少符合一条;7~12 岁的孩子应至少符合两条;13~18 岁的孩子至少应符合三条。如果孩子在成长过程中,达不到上述要求,就可以认为是社会化不足。社会化不足,就是一定程度中的孤家寡人,不善于与人交往。很多精神卫生问题都与"社会化"不足有着密切关系。如果一个人的社会化程度很高,就可以减少精神障碍的发生。

学校在儿童的社会化过程中起着十分重要的作用,社会化是随着人的一生完成的,学校在儿童成长过程中完成了初步社会化的功能,主要体现在以下几个方面:

1. 传授知识技能,培养认知能力

学校是学生获取知识技能的主要场所,儿童只有通过刻苦学习,掌握现代科学

---

① 参见 2002 年 7 月 17 日《健康时报》

知识与技能,认识自然和社会的发展规律,才能懂得如何驾驭自然规律,如何去改造社会弊端,促进社会发展。

学校具有独特的条件,是儿童学习文化科学知识与技能的极好场所。首先,学校教学目标是根据社会要求、儿童身心发展规律制定的,设置的课程结构具有系统性,教学内容是人类文化知识结晶,教学过程具有简约性与可控性,学校教学是高效率的。其次,学校是由教师专门传授文化知识与技能,教师经过一定的学历教育,学有专攻,传道授业解惑,在儿童社会化过程中起主导作用。

2. 传递社会价值观,指导人生理想

学校是按照社会需要和教育目标有目的、有计划、有组织地开展各项教育活动的。社会性质不同,学校性质也不同,在学校中传递的社会价值观和指导的人生理想也不同。但是任何一个国家总是通过学校组织学生学习、交往、劳动和社会实践等活动向学生传递一定的社会道德观、审美观、人生观、世界观,引导他们明确个人理想和社会理想,并能把两者有机地结合起来。

我国是社会主义性质的国家,学校教育的根本任务是培养社会主义事业的建设者和接班人。通过学校教育活动要引导学生树立顺应历史潮流和推动社会变革的社会价值观,要教育学生将个人志趣升华为符合社会需要的人生理想,并将其纳入到"实现现代化"这一社会理想之中。我国的小学是对儿童进行共产主义人生观启蒙教育的良好场所,是儿童人生成熟过程中的摇篮。中国少年儿童先锋队就是学校对儿童进行共产主义启蒙教育的组织,有千千万万个儿童是在"时刻准备着,为共产主义而奋斗!"的誓言中成长的。

3. 教习社会规范,培养社会行为习惯

社会规范是人们在长期的社会生活中,逐渐形成的调节公共生活的准则,起着调整社会关系,维护社会秩序的作用。教习社会规范,培养学生具有符合社会规范要求的行为习惯,是学校促进儿童社会化的主要内容之一。

学校的各种教育活动都是在师生交往中开展的,学生与学生、学生与老师在各种活动中结成了错综复杂的关系。比如,学生与教师之间就存在着由教与学的活动联结起来的工作关系、师生之间个人交往的一种自然的人际关系等。这就必然要求有相应的规范,制约、调节人际关系,引导班级成员具有良好的行为习惯,以便为儿童将来参与广泛的社会生活打下良好基础。杜威曾经说过,学校即社会。学校、班级就像一个小社会,学生守则、小学生日常行为规范、班级公约、宿舍公约等是对社会规范的具体体现。学校、班级的舆论风气、传统也起着传递社会规范的作用。学校在培养儿童的社会态度和社会行为上起着同化作用和约束作用。

4. 培养社会角色，指导职业选择

在社会生活中，每一个成人都处在一定地位，也就是他们总担负着某个社会角色，施展自己的才能，行使社会成员应有的权利，承担对社会应尽的义务。儿童必须在学校生活中充当适当的角色，通过角色学习进入社会，取得社会成员的资格。

在班级集体生活中，根据班级目标、规范、舆论、教师的要求，每个学生担负着一定的角色，并学习角色变换，积累交往经验，提高担负角色的能力，并在各种教育情景下锻炼活动能力。有的儿童在学校中表现一直很好，一直担任主角。这种经历可能会给学生以后的社会生活带来负面影响。当学生毕业走上工作岗位以后，优秀的人很多，种种原因导致他只能当个配角，这时就容易产生失落感，不能正确摆正位置，与上司、与同事关系处理不好。所以，我们主张学校在班级管理时，最好能使学生轮换当班干部，经常进行角色交换，这样培养的学生更具有适应性。

儿童在进入社会之前，在学校教育过程中，由教师担负职业指导任务，以帮助儿童选择今后的职业定向。不同国家对职业指导的称谓是不尽相同的，如美国、加拿大、英国常将"职业指导"与"生计指导"并称；法国、德国、日本则分别称之为"方向指导"、"定向指导"、"出路指导"，还有一些国家称其为"职业定向教育"。尽管在职业指导的名称上有所不同，但是对其内涵的理解却是大同小异。美国全国职业指导协会认为："职业指导，是帮助学生选择职业的过程，是为就业做准备的过程，也是在任职中求得发展的过程。"[①]我国一些学者认为："职业指导的本质是为人择事，它是用以指导人们选择并准备从事一项适合他们自己的职业的辅导程序。"[②]

学校职业指导是一个系统化的过程，小学阶段主要是对儿童的特性和潜能提供初步的试探，使小学生对自己有所认识和了解，并树立较牢固的劳动观念。进入初中阶段，职业指导的任务也因中学的分流而有所不同。对于初级职业中学学生而言，职业指导的主要任务是帮助学生了解社会职业需求、选择职业；对于普通初中学生而言，职业指导的任务是进一步加深对个人潜能与倾向的认识，在初中三年级，指导学生选择选修课程，为升学或就业做准备；进入高中阶段，对于职业高中学生而言，由于其专业划分较细，职业指导的主要任务是协助学生了解某具体职业在工作态度、技能等方面的特定要求，并教授求职的技能、方法，为学生就业做充分的准备；对于普通高中学生而言，高中前两年还应进一步了解学生的才能倾向及学业潜能，以指导学生未来升学选择专业的方向与职业生活。所以，职业指导应从低年级抓起，不断积累材料，了解学生的特点及发展过程，培养学生的职业观念与自我

①②　郑福明.学生职业指导[M].广州：广东教育出版社，1994：7.

评价能力,深入了解社会需要与可能,这样,职业指导才能取得应有的效果。那种认为在小学阶段开展职业指导工作为时过早的观点是错误的。

过去我国学校教育对儿童的职业指导教育重视不够,随着改革开放的深入、经济的迅速发展,选择职业的门路日益加宽,学校职业指导也日益受到重视,有的学校在课程设置中增加了一门职业指导课程。学校通过了解学生,分析学生的学习能力、爱好、特长、个性倾向以作为选择升学专业方向和选择职业的依据。了解学生职业倾向性的一个方法是测验法,研究职业的专家霍兰把人格类型划分为六种[①]:

(1)现实型[R],这类人喜欢有规则的具体劳动和需要基本技能的工作,但往往缺乏社交能力。这种类型相对应的职业类型主要是指熟练的手工工作和技术工作,通常要运用手工工具或机器进行工作,在西方常被看做"蓝领"职业。

(2)调研型[I],这类人喜欢智力的、抽象的、分析的、推理的和独立的定向任务,但往往缺乏领导能力。这种类型相对应的职业类型主要是指科学研究和实验工作。

(3)艺术型[A],这类人喜欢通过艺术作品来达到自我表现,感情丰富,善于想象,对艺术创作感兴趣,但往往缺乏办事员的能力。这种类型相对应的职业类型主要是指艺术创作工作。

(4)社会型[S],这类人对社会交往感兴趣,愿意出席社交场所,关心社会问题,愿为别人服务,但往往缺乏机械能力。这种类型相对应的职业类型主要是指为人办事的工作,即教育人、医治人、帮助人、服务于人的工作。

(5)企业型[E],这类人人格外向,对冒险活动、领导角色感兴趣,具有支配、劝说和使用语言的技能,但往往缺乏科学研究能力。这种类型相对应的职业类型主要是指那些劝说、指派他人去做某些事的工作。

(6)常规型[C],这类人对系统的有条理的工作任务感兴趣,讲求实际,具有善于控制的、相当保守的特点,往往缺乏艺术能力。这种类型相对应的职业类型主要是指办公室工作,即与组织机构、文件档案和活动安排表之类的事物打交道的工作。

学校还可以有组织地开展实践活动,发挥学生的特长与才干;开辟个人通向不同的职业方向,为提供不同的职业目标创造条件。此外,重视培养学生对社会变革和职业变动的适应能力也很重要。

---

① 敢峰,钟祖荣.职业的选择[M].杭州:浙江教育出版社,1992:87-89.

二、学校对儿童的个性发展功能

个性是每个个体所具有的稳定的心理现象,它包括个性倾向性和个性心理特征两个方面。个性倾向性是人进行活动的基本动力,其中,需要是个性倾向性的源泉,只有在需要的推动下,个性才能形成和发展;能力是个性的水平特征,是完成活动必备的心理条件;气质是个性的动力特征;性格是个性心理特征中的核心成分。

苏霍姆林斯基曾经说过,每个儿童都是一个独一无二的世界。是的,每一个儿童都是一个非常具体的人,有自己的历史、自己的个性。影响儿童个性形成的因素是多方面的。一般认为,个性是遗传和环境因素相互作用的结果。其中,遗传是个性的自然前提,在此基础上,环境因素对个性的形成和发展起决定作用。良好个性的形成和发展需要家庭、学校、社会几方面的配合。学校教育在儿童个性形成中有特别重要的作用。

1. 教师的个性品质对儿童个性发展的影响

教师作为培养人的活动,决定了教师的劳动必然带有强烈的示范性。在教育过程中,教师扮演着社会榜样的角色,被视为"社会的代表"。就小学生而言,其身心发展还处在不成熟时期,他们具有模仿性强、可塑性大的特点,往往对教师表现出一种特殊的信任和依恋之情,他们不仅从教师那里学习知识,而且还学习做人的道理。在许多场合,教师往往成为学生最可信赖的模仿对象。

教师劳动的示范性,几乎表现在教育的各个方面。教师的思想品质、知识结构、行为习惯等,都无形地对学生起示范作用。教师的个性品质对学生也具有重要的示范作用。教师是进取开拓,还是因循守旧;是敢作敢为,还是盲目服从;是民主作风,还是独断专行,都会潜移默化地影响学生的个性品质。如教师对学生采取民主的态度,学生易形成性情稳定、主动积极、态度友好的性格特征;教师对学生采取放任的态度,学生易形成无组织、无纪律、放任等性格特征;教师对学生采取专制的态度,学生易形成情绪紧张、自卑、冷淡等性格特征。所以,教师要起好示范作用,就要特别注意对个人品格的自我修养,使自己具备善良、诚实、正直、宽容、胸怀磊落、言行一致等良好的个性品质。

2. 课堂教学对儿童个性发展的影响

在学校教育中,课堂教学是教学的基本组织形式。首先,课堂教学的有效组织有利于学生能力的发展。教师通过教学,不仅把某些知识传授给学生,使他们形成某些技能,而且要发展他们的智力。不同的学习任务对学生的智力活动有不同的要求,能促进不同方面的心理技能的提高。例如,在数学几何证明的课堂教学中,学生的逻辑思维得到了训练和提高;在学习语文和外语的过程中,学生的阅读能力和表达能力得以练习和进步;在实验及教学实践中,学生的动手操作能力受到锻炼和掌握。其次,良好的课堂教学环境有利于学生个性的健康发展。有研究表明,儿童学习场所的人性化布置有利于学生的愉快学习,率性发展。目前,教学场所的设计更为弹性化、多样化、人性化。弹性化即应用空间的多用性、易变性及扩展性,以确保空间的最大运用和课堂活动的完全开展。多样化即环境与空间具有多用途、多功能的特征,使学生既能学习、游戏、活动,又能生活、休息,充分体验空间的舒展和环境的温馨。环境的人性化即鼓励学生充分体验大自然的气息,让学生自由自在地学习、活动、游戏;同时,教师努力做学生的大朋友,与学生建立亲密、平等的相互关系。最后,和谐的课堂教学人际环境也有利于学生个性的健康发展。教学过程中,教师与学生、学生与学生所形成的人际关系不仅影响着教学效果,而且还影响着学生的个性品质。

课堂教学人际环境中,师生关系具有主导地位。和谐的师生关系是建立在相互平等、合作与信任的基础之上的。它即肯定教师在教学过程中的组织者、指导者和评定者的作用,又注意发挥学生的主动性和积极性,使学生的"接受主体"地位得以真正的体现。它强调师生关系是一种"人—人"关系,教师与学生都是独立的人。在这种关系中,教师与学生充分显示出在教育过程中的互相影响、讨论和激励作用。不仅教师明确自己的职责,尊重学生,而且也能使学生在尊重老师的同时,意识到自己的地位、权利和愿望,使得学生的个性得到正常发展。但是,在不和谐的师生关系中,教师与学生的地位不平等,教师总是处于领导者、教育者、发号施令的地位,而学生总是处于被领导、被教育、绝对服从的地位。在这种关系中,常常会出现教师体罚与变相体罚学生的现象,学生表面上唯唯诺诺,实际上是口服心不服,师生关系普遍紧张,这是一种压抑学生个性发展的师生关系。

3. 班集体对儿童个性发展的影响

班集体是学校进行教育、教学工作的基本单位。学生在班集体中学习、生活,集体的特点、要求、舆论和评价,以及集体的活动和交往等,对学生个性的形成和发展都给予具体的影响。良好的集体规范和心理气氛有助于学生形成组织性、纪律性、自制性、责任感、坚强和勇敢等性格特征。学生参加集体活动,接受集体的委托与要求,受到集体舆论与评价的影响,可以发展学生的责任感和义务感,培养学生关心集体和关心他人的品质,增强学生自信心,从而对自己有更严格的要求。此外,班集体的班风对学生个性的发展也起着潜移默化的影响。北京广渠门中学"宏志班"的班训是"特别有礼貌、特别能吃苦、特别能忍耐、特别有志气、特别有作为"。

在这样一个班集体中,学生自信、顽强等个性品质都得到了发展,而这种影响有可能会持续一辈子。

在活动和交往中,学生之间构成了各种人际关系,他们在各种场合下变换角色,发挥特长与才能,并得到教师、同学和集体的评价。同时,儿童在活动中通过学习如何处理人际关系,培养了交往能力,锻炼了不怕挫折的心理承受能力,个性得到发展。班级还可以通过推荐、自荐、竞选等方式组成民主管理的组织机构。班干部轮换制,力求让尽量多的学生有机会担负干部角色,充分发挥学生的自主管理作用,不断扩大自治职能,促进学生形成符合社会目的性的个性。在班级这一小社会中要形成良好的气氛,指导学生自主学习,培养自我教育能力,在各种活动中鼓励发扬首创精神。

第三节　儿童与家庭

家庭是以婚姻关系、血缘关系和收养关系为纽带组成的社会生活基本单位。它是由父母及其子女组成的群体,是社会的基本细胞。家庭具有教育、生产、消费、赡养功能,其中教育功能是家庭的重要功能。

一、家庭教育的特点

家庭教育是父母或家庭成员中的年长者在家庭内自觉地有意识地对子女所进行的教育。家庭教育与其他教育形式相比,有其自身的特殊性,主要有以下几点:

1. 早期性和针对性

家庭是儿童的第一所学校,父母是儿童的第一任教师,家庭教育是一个人与生俱来的,甚至有的家庭,其家庭教育从胎教就开始了,这些都说明了家庭教育的早期性。儿童认识世界是从天然的家庭成员中开始的,先认识父母,认识家庭其他成员及其关系,逐步认识亲友邻里之间的关系,认识自我与周围环境的关系。儿童在这些关系和活动中接受各种影响,获得知识,形成了习惯、技能和思维方式。早期良好的家庭教育为儿童一生的发展奠定了基础。

由于家庭教育是在家庭成员共同的家庭生活中进行的,所以家长可以根据家庭生活的实际,针对自己孩子成长过程中的问题进行个别教育,使其具有较强的针对性。比如,可以在吃饭的时候,进行"粒粒皆辛苦"的教育;在迎送客人的时候,进行必要的文明礼貌教育;等等。

2. 连续性和终身性

在孩子成长的过程中,无论子女上小学、中学、大学,还是参加了工作甚至婚嫁生子后,仍要连续不断地接受家庭教育。不管孩子的年龄有多大,只要他们回到父母身边,仍然是父母的孩子,仍然在接受家庭教育的影响。所以,家庭教育在人的一生中是连续不断的,是一种终身教育,父母是孩子终身的老师。

当然,在孩子成长的不同阶段,家庭教育的内容是在不断变化的。子女小的时候,父母怕孩子冷、饿、病、吓、碰着,在生活上无微不至地呵护;在行为习惯上处处注意养成教育。子女上学后,父母怕孩子学习成绩不好,怕学坏,需要与学校教育配合,合力把孩子培养成才。子女参加工作后,父母又怕孩子工作不好,结交不好的朋友,与上司、同事处不好关系,尽管孩子可能并不是很爱听,但是父母还是要唠叨自己的经验之谈,以使孩子少走弯路。当子女成家了,甚至子女自己也成为父母以后,父母还会担心子女不会干家务,不会过日子,不会带孩子,有多少父母仍然在不辞辛劳地帮助子女带下一代,有的虽然没有直接带孙子女,但却在精神上、经济上资助子女。父母的家永远是子女在事业上、生活上避风、歇脚、充气的地方,所以有人尽管已经事业有成,小家庭温暖,但却为父母的早逝而感到遗憾。

3. 天然性和权威性

家庭教育的前提是教育者与被教育者有着血缘关系或收养关系。这种关系有着不可选择的天然性。一个人一生中可以做出多种选择,他可以选择学校、选择专业、选择朋友、选择恋人、选择工作,等等,但是,他不能选择家庭出身的贵贱、贫富;不能选择要什么样的人来当他的父母。父母与子女的关系具有不可选择的天然性,所以,对于父母来说,有"自己的孩子自己喜欢"之说;对于子女来说,总是"儿不嫌母丑"。

孩子最初崇拜的人总是自己的父母,孩子爱戴、敬重、信任父母。父母最初对孩子来说具有绝对的权威性,这种权威性是家庭教育的基础。随着孩子年龄的增大,这种权威性将逐步减弱。

4. 感染性和灵活性

家庭教育在很多时候是在潜移默化中进行的,父母的一言一行,时时处处都会对孩子产生教育的影响,尤其是父母的喜怒哀乐,对孩子有强烈的感染作用。从孩子的言行可看出父母的影子。这种感染力的作用是很强的,使孩子从印象到认识、从认识到信仰、从爱好到志向,产生深刻的影响。所以就有了革命世家、体育世家、艺术世家、教师世家,等等。乒乓名将刘国梁、邓亚萍都是在父亲的启蒙训练下走上冠军之路的。

家庭教育还具有灵活性,可以随时随地在家庭生活中进行,可以通过各种形式进行,比如在看电视、聊天、阅读、游戏、文体活动等过程中渗透家庭教育。

二、家庭教育对儿童的影响作用

家庭教育所具有的特征,使其在促进儿童德、智、体、美、劳的全面发展和提高儿童的身心素质等方面起着极其重要的作用,主要体现在以下几个方面:

1. 培养儿童良好的品德

儿童心理学研究表明,儿童正处在品德形成的关键时期。儿童品德形成具有先入为主的特点,所以家庭对儿童良好品德的养成显得更为重要。

家庭教育对儿童思想品德的培养有其独特之处。首先,家庭教育的天然性和针对性,使家庭德育具有很强的渗透性。在家庭生活实践中,如家庭成员间的关系、家庭文化氛围、父母生活习惯等会在耳濡目染的过程中影响着子女的道德观念,培养他们的道德判断能力和道德情感,养成良好的行为习惯。其次,家庭教育的天然性和权威性也使家庭德育富有一定的成效性。父母与子女有血缘联系,存在伦理和依赖关系,且受法律保护,建立在这种具有权威力量基础上的家庭教育,是一种无声无形但倍觉亲切的影响力量,这正是作为子女对父母的批评、责备能接受的原因。再次,家长对子女的教育方式也是影响子女人格形成的不可忽视的因素。美国心理学家鲍德温等人的研究表明,母亲对子女的支配性态度,会使子女变得消极、依赖和服从;干涉性态度会导致子女幼稚、神经质和被动;娇宠性态度会导致子女任性、幼稚、神经质和温和;否定性态度会导致子女反抗、冷淡、高傲自大;不关心态度会导致子女的攻击;不安定情绪和冷酷、专制性态度会导致子女的反抗、不安定情绪、依赖和服从;民主性态度会导致子女合作、独立和直爽。所以,家长的教育态度和方式是影响子女品德发展的重要因素。

2. 开发儿童的智力

家庭教育对儿童智力发展的影响主要表现在两个方面。其一是早期性,早期家庭教育具有启迪儿童聪明才智的作用。美国心理学家本杰明·布鲁姆曾对1000多个儿童进行了长期的跟踪研究,发现假如17岁所达到的智力水平为100,那么,儿童50%的智力是在4岁以前获得的,30%的智力是在3~8岁时获得的,而在8~17岁这一阶段只增加了20%。随着时间的推移,智力发展的速度就会减慢。可见,家庭的早期教育在开发儿童智力方面是很重要的。家长应注意根据孩子身心发展的水平,科学地进行早期的智力开发。其二是协助性,当孩子进入学校,父母必须培养孩子良好的学习习惯,督促孩子完成家庭作业,启发孩子学习,培养孩子主动学习的精神,积极配合学校搞好子女的学习。

3. 增强儿童的体质

家庭教育对孩子身体发育起着重要作用。对于迅速生长发育中的儿童来说,家庭生活中的衣、食、住、行以及家庭情绪气氛等都对健康具有重要的影响作用。从乳儿期的科学喂养到幼儿园的合理膳食以至青少年儿童的饮食卫生,都应成为家长在教育子女中予以重视的问题。当前因饮食营养不合理造成的营养紊乱症,饮食习惯不良带来的厌食、偏食、挑食的现象,不仅给家长带来许多忧虑和困扰,而且直接危及子女的身心健康。因此,良好的家庭教育,在增强子女的体质方面,会产生积极影响。

家庭教育不仅要重视儿童身体的健康,还要重视儿童的心理健康。不要因为过于严厉、学习压力、缺乏爱抚等原因,而让孩子心理负担过重而产生心理疾病,父母应注意关注孩子的精神世界,让孩子有快乐和成功的体验,有健康的心理和良好的个性。

4. 提高儿童的审美能力

家庭教育包含家庭审美教育。儿童自幼在家庭中生活,因而,家庭的环境布置、人们的言谈举止、家庭情绪气氛,都是向儿童进行审美教育的良好教材。美好的事物可以纯洁儿童的心灵,陶冶美好情操,形成优良的品德习惯,塑造理想的人格、审美情趣和创造美的能力,这将有助于发展他们的良好思想品德,开发智力,增强体质和形成美感。

5. 养成儿童的劳动习惯

家庭教育在培养孩子正确的劳动观点、劳动习惯和劳动技能方面具有独特作用。父母应该利用家庭生活实践来培养孩子的劳动观念和习惯,提高孩子独立生活的自理能力。如倡导"劳动光荣,不劳而获可耻";"自己的事情自己做,今天的事情今日毕";等等。

在当今家庭教育中,由于独生子女增多,不少家庭在这方面都存在着问题。父母在生活方面的包办代替,不仅使孩子的生活自理能力薄弱,而且还使得一些孩子独立性差、依赖性强。一个典型的例子是中日儿童在同一次夏令营中的不同表现。1992 年 8 月,77 名日本孩子和 30 名中国孩子联合举行去内蒙古草原的探险夏令营活动。他们的年龄都在 11～16 岁,夏令营要求每人负重 20 千克,步行 50 千米。出发后,孩子们就面临了各种考验:背包带断了;背包似乎越来越沉,背不动了。于是有的中国孩子就把背包扔进了马车里。一个中国女孩没走多久就病了,眼泪汪汪,结果只好送大本营休息。日本孩子也有生病的,如矮小的黑木雄介肚子痛,脸色苍白,汗珠如豆,带队老师请他放下背包,坐车前进,他坚决不肯,说:"我是来锻炼的,当了逃兵是耻辱,怎么回去向老师、家长交代? 我能挺得住,我一定要走到底!"在医生的劝说下,黑木雄介在草地上躺下,大口喘着气,休息一会儿后又爬起来步行了。当晚七时,队伍到达目的地宿营,日本孩子开始自己动手煮饭、做菜,他们礼貌地先请大人吃,然后再自己吃。中国的孩子却等着有人把饭菜送来。夏令营结束后,有的日本人对中国人公开说:"你们这代孩子不是我们孩子的对手!"这次夏令营的情况经媒体报道,引来了一场全国性的大讨论。人们无意评论中日两国儿童的能力高低,因为一次草原活动不可能说明全部问题。但是,不少有识之士认为,应该从中日夏令营活动中我国孩子身上暴露出来的问题,反思学校教育、家庭教育、社会教育中存在的问题。这个例子从一个侧面警示我们,家庭教育中培养儿童生活自理能力的重要性,因为自理自强是紧密联系在一起的,也是现代社会要求儿童必须具备的素养。

综上所述,家庭教育在促进儿童品德发展、促进孩子身心素质全面发展方面具有独特作用。

三、家庭教育的类型

1. 科学民主型

这类家长自身修养较好,懂得儿童发展的特点和规律,掌握教育子女的方法,对孩子信任、尊重、民主平等,爱而不宠,严而不苛,能充分调动孩子学习的自觉性和积极性,家庭人际关系良好,家庭生活和睦温馨,家庭生活方式文明健康。这是一种值得提倡的家庭教育类型。

2. 溺爱娇惯型

父母都有一颗爱子之心,特别是现在的孩子大多是独生子女,父母都把这唯一的孩子视为掌上明珠,百倍呵护,但这种爱心应有一定的限度,如果爱过了头,变成了溺爱娇惯,在生活上包办代替,在经济上有求必应,盲目高消费,其结果就会适得其反。溺爱孩子,会使孩子从小滋长不良心理,养成固执、自私、任性、残忍的品格。教育家卢梭曾说:"你们知道运用什么方法,一定可以使你的孩子成为不幸的人吗?这个方法就是对他百依百顺。"①我们民间也有一个故事,说一个被娇生惯养的人从开始偷邻里鸡鸭发展为溜门撬锁,拦路抢劫,最终被判服刑。临刑前,他要求母亲再像小时一样喂一次奶,仁慈的母亲答应了,可他却狠狠地一口把母亲的乳头咬了下来,并责怪母亲小时不管教他,致使他有了今天的下场。这种"溺爱一阵子,后悔一辈子"的教训,值得人们认真吸取。

3. 粗暴打骂型

这类家长往往相信,棍棒之下出孝子,训子要严,打骂有效,对孩子简单鲁莽,急于求成,以势压人,总以为只有严厉管教,才能教育好孩子,但往往事与愿违。粗暴打骂型的家长易导致孩子人格畸形发展,后果严重。心理学研究表明这种教育类型下的孩子,如果性格倔强,大多表现出反抗意识。有的自知气力小,不便回手,便以暗暗诅咒来反抗;有的以破坏物品来反抗;有的立刻负气出走,从而使孩子与家长的关系紧张,对立情绪严重。而性格怯懦的孩子,则会产生恐惧心理,变得更

---

① 卢梭.爱弥儿[M].北京:商务印书馆,1978:86.

加软弱、顺从、胆小怕事。一些比较机灵的孩子，为了避免家长的打骂，就采取欺骗、撒谎的手段来对付家长，因而从小就学会虚伪狡诈；还有的孩子在父母的种种惩罚下，精神崩溃，失去自信心，轻的自暴自弃，破罐子破摔，重的则悲观厌世甚至轻生。

4. 放任自流型

这类家长有的强调自己忙，无暇顾及子女的教育问题，有的认为船到桥头自然直，有的把教育责任全部推给学校，对待子女的教育问题采取不闻不问、放任自流的态度。孩子的成长，受到家庭、学校、社会的共同影响，而家庭是孩子接受教育的第一课堂，其影响作用是学校教育所无法替代的。俗话说"严是爱，宠是害，不管不问要变坏"，父母对子女既不引导也不管教，任其自生自长，会使孩子的品行变差，荒废学业，危害社会。

5. 物质刺激型

这是一种以钱代教的家庭教育类型。这类家长把社会上物质奖励的办法引进到对孩子的家庭教育上。一般来说，适当的奖励可以强化孩子的良好行为表现，鼓励其上进。但是，现在有些家长却是过多过滥地运用金钱与物品奖励，就容易走入物质刺激型家教的误区，久而久之，就会使孩子进入一个"为了物质奖励而学习，要有越来越高的物质奖励才有兴趣"的怪圈。家庭教育中过多的物质刺激，易养成孩子贪婪的习性，使其变得意志消沉，贪得无厌，不思进取，腐化堕落，这种家庭教育的方式是不可取的。

关于家庭教育的类型，还有一些更多更细的类型。如冷热无常型：指父母对子女的态度，时严时松，前后不一；期望过高型：望子成龙的家长不顾孩子的意愿和是否有必要、有能力，强迫孩子按家长的要求去做，盲目追求升学成才，而且带有很强的趋利性。总之，目前我国家庭教育还存在着许多问题，需要人们充分认识家庭教育的特点和作用，掌握教育子女的科学方法，遵循儿童身心发展规律，在轻松愉快、民主和谐、幸福和睦的家庭中，让儿童接受科学民主的家庭教育。

第四节　儿童与社会

社会是由单个的个体所组成的,儿童是社会的一分子。社会中的每个个体一方面受社会的影响,另一方面个体又对社会发生着作用。

1. 儿童在不同的社会情况中所受的影响是不同的

人的思想感情以及行动往往受社会上他人的思想感情与行动的影响,同时人也对他人发生影响。在不同的社会情景中人所受到的影响是不同的,反应也是不同的。

以小孩摔跤为例,同样是摔跤,同样是感到疼痛,但在不同的场合、不同的社会背景下,孩子会发生不同的反应。孩子如在家里摔跤了,看到、听到或者想象到妈妈安慰自己多半会哭叫起来;孩子如在学校里摔倒了,看到、听到或想象到老师或同伴来鼓励自己,多半会坚强地爬起来不哭,以显示自己的勇敢。所以,为儿童创设一个文明的、进步的、科学的社会环境无疑是有益于儿童健康成长的。

2. 社会对儿童的影响既有共性又有个性

同一个国家、同一个民族的国民有一些相同的人格特征,如国民性。一般认为,中国人有勤劳的传统,家庭观念较重;美国人富有进取心,家庭观念比较淡薄。有一个例子说的是美国的 70 岁老太太住在买来的房子里,但直到去世的时候,才刚好还清买房的贷款;而中国的 70 岁老太太一辈子住在旧房子里,去世时刚好攒齐买房子的钱。这一事例或多或少地反映了中美两国人民消费观念方面的差别,进而体现了两个国家的不同的国民性。

社会心理学家勒温比较了美国人和德国人的国民性。勒温是犹太裔的德国人,他在美国度过了晚年,对美国人、德国人都比较熟悉。他认为德国人人格的外围领域与中心领域的界线在较表面部分,因此德国人不大能直率地与人交往。美国人人格的外围领域与中心领域的界线在相当深的位置,所以他们比较开放,交往的范围也广。可是,德国人因为界线处于较表面地方,比较脆弱,容易打破界线,一旦界线被冲破就可以一口气开放到核心的深层,从而可以看透其内心,表现为相互之间产生敌对行为或成为知己;美国人的内心深层处于最中心,防守得很牢固,一般可以相处得很好,但他们不会轻易暴露自己内心深处的东西,不大可能与他人推心置腹地成为知己朋友。

风靡日本的阿信热体现了现代日本人的国民性。近年来日本掀起一股阿信热，市场上充斥着阿信娃娃、阿信名酒、阿信唱片、阿信歌曲，许多东西都冠以"阿信"。

阿信热缘于1983年4月至1984年3月，日本广播协会的电视台播放了名为《阿信》的电视剧。播放期间路上无人行走，店铺门可罗雀。《阿信》讲述了一名叫阿信的女子一生的故事。她出身贫寒，自幼就离家谋生，后来嫁给一个庸碌无能的丈夫，婆婆又是一个搬弄是非的恶妇。因此，她24岁就离乡背井，携子奔赴东京去经商，若干年后她成了超级市场的老板。可是，在战时她失去了儿子与丈夫，市场又不景气。但她始终含辛茹苦地惨淡经营，终于成了一个拥有亿万金钱的富孀。她在物质生活上富有了，可是她的精神世界却越来越空虚。

阿信个人奋斗的经历反映了20世纪以来日本社会生活的缩影，在一定程度上代表了日本国民的倾向性。他们向往的就是如何面对贫困而最终成为百万富翁，能过上优裕的生活。阿信在某种程度上形象地表现了日本民族在20世纪以来克服种种困难、从贫困走向繁荣的历程，同时还刻画了日本人勤劳勇敢、坚忍不拔的精神。日本国民心目中的英雄就是像阿信那样的人。因此，《阿信》播映后，立刻受到日本各界人士的热烈欢迎与普遍重视。

但是，社会对人的影响是随着各人所具备的条件有选择地接受或抵制的。所以人们即使生长在相同的环境中，但他们的社会行为和意识是不同的。这是因为个人遗传的特点，不同的人不同时期的生理需要和状态不同的缘故。生长在同一家庭中的同卵双胞胎，虽然他们的遗传素质完全一样，但根据心理学家的研究与生活实践提供的资料表明，由于他们的出生顺序而决定了他们不同的社会角色：出生早10分钟的为兄或姐，迟10分钟的为弟或为妹，由此社会对他们的要求则稍有差别，从而使孪生兄弟或姐妹的社会化有所不同。

社会化因素就是影响个体的全部社会环境。家庭影响包括父母条件及教育方式。社会地位影响包括个体所处的阶级、阶层和身份。居住条件影响包括城市、农村、社区环境及社会风气。学校影响包括教师、团体、教材等。如身为少先队员的儿童在打架前，有时会先摘下红领巾再打架，就是学校少先队组织对儿童行为的约束影响。社会文化影响包括政治、经济、风俗、传统。由于社会环境范围较为广泛，而且学校对儿童的影响作用已在本章第二节专门论述，所以以下将重点阐述社会文化对儿童的影响。

3. 社会文化对儿童的影响是全方位、多层次的

广义的文化指人类在长期的社会生活和实践活动中所形成、创造的物质财富

和精神财富的总和,它包括宗教、哲学、科学、文学艺术等方面的知识和人们的风俗习惯、价值观、行为准则等,以及所有这些方面在规章制度、行为方式和物质产品、设施中种种外在表现。其主要包括以下三方面内容:① 人类社会在一定的物质资料生产方式基础上进行的创造精神财富的活动及其成果,如科学、文学、艺术的创造活动及其产品。② 传播这些精神财富的活动及其手段,如广播电视。③ 一定时代与社会的各民族或阶级,在历史过程中逐渐形成的传统风格、生活方式等,它是文化的历史沉积物,又蕴含着创造新文化的潜力。

文化有四种存在形态:① 物质形态指精神创造物化在物质产品之中,如历史文物、古建筑、各种工艺用品。② 用物质手段存留的观念形态,是精神沟通的手段,如人类创造的各种形式的符号(从语言文字到各种数字的抽象符号)。③ 各种科学著作、文艺作品与各种文化创造和传播有关的活动形态,如学术活动、艺术活动,包括与此相关的团体社会设施、学术机构、大众娱乐机构、文化出版机构、学校。④ 人的心理行为形态,如民族的心理素质、价值观、思维方式、精神风貌、社会的生活方式、习俗传统文化。

社会文化影响着儿童受教育的内容和手段。社会文化是教育内容的源泉,文化传播手段的多样化也使学生可获取多种信息,如现代儿童可以通过电视、电影、网络、报刊、书籍等方面学习。

现代文化中所包含的多元的思维方法、价值观和信念,对儿童思维方法、价值观和信念的形成产生影响。而且这一影响是潜移默化的,人们的思维方式从点状到线状又发展到网状结构,从单层到多侧面又发展到多层次。比如,过去人们的消费价值观是一件衣服要穿九年,新三年旧三年缝缝补补又三年。现在的年轻人说"新鞋子缝好了为何不穿,等等等过两年又穿不上,小伙子小姑娘都这么说,老头子老太太他们不会过生活"(歌曲《新鞋子、旧鞋子》歌词)。

应当指出,社会文化对儿童的影响具有两极性。从国家民族的广博文化中吸取养料,从传播媒介中获取信息,从而使现代儿童比过去更见多识广、知识丰富,这些是社会文化对儿童成长的积极影响。但是,社会封建思想残余影响着适龄女童的入学率;有的儿童热衷武打小说、琼瑶小说而影响了学习;不良网站上的黄色图像、导致儿童上瘾的网络游戏等也对儿童产生了消极影响。对于社会文化对儿童的不良影响,仅靠禁、堵是不能奏效的,学校、家庭、社会应当齐抓共管,因势利导,才能扬长避短,取得社会文化育人的良好效果。

◈ 阅读资料

情感智商[①]

萨洛维把加德纳的人际关系技能纳入情感智商的基本概念中,情感智商则扩展为以下5个主要方面:

(1)了解自我。自我觉知——当某种情绪刚一出现时便能觉察——乃情感智商的核心。监控情绪时时刻刻变化的能力是自我理解与心理领悟力的基础,对此,将在第四章讨论。没有能力认识自身的真实情绪就只好听凭这些情绪的摆布。对自我的情绪有更大的把握性就能更好地指导自己的人生,更准确地决策婚姻、职业之类。

(2)管理自我。调控自我的情绪,使之适时适度。这种能力建立在自我觉知的基础上。第五章将讨论如何自我安慰,如何有效摆脱焦虑、沮丧、激怒、烦恼等因失败而产生的消极情绪侵袭的能力。这一能力的低下将使人总是陷于痛苦情绪的漩涡中;反之,这一能力高者可从人生的挫折和失败中迅速跳出,重整旗鼓,迎头赶上。

(3)自我激励。第六章将论述这一服从于某目标而调动、指挥情绪的能力。要想集中注意力、自我激励、自我把握、发挥创造性,这一能力必不可少。任何方面的成功都必须有情绪的自我控制——延迟满足,压抑冲动。能够自我激励,积极热情地投入,才能保证取得杰出的成就。具有这种能力的人,无论从事什么行业都更有效率,更富于成效。

(4)识别他人情绪。移情,是在情感的自我觉知基础上发展起来的又一种能力,是最基本的人际关系能力。第七章将追溯移情产生之源,情感"聋哑盲"的社会代价以及移情点燃利他主义的前提条件。具有移情能力的人能通过细微的社会信号,敏锐地感受到他人的需求与欲望。这一能力更能满足如照料、教育、销售或管理职业类的要求。

(5)处理人际关系。大体而言,人际关系艺术就是调控与他人的情绪反应的技巧。第八章将讨论社会胜任与不胜任,以及与之相关的技能。人际关系能力可强化一个人的受社会欢迎程度、领导权威、人际互动的效能等。擅长处理人际关系者,凭借与他人的和谐关系即可事事顺利,他们也就是所谓的社会明星。

---

① [美]丹尼尔·戈尔曼著.情感智商[M].耿文秀,查波译.上海:上海科学技术出版社,1997:47-48.

思考题

1. 结合实际,谈谈你对儿童情感智商的认识。

2. 什么是社会化? 如何促进儿童的社会化?

3. 怎样发挥大自然在儿童成长过程中的作用?

4. 举一个儿童教育的实例,谈谈学校、家庭、社会在儿童成长过程中的综合作用。

第三章　儿童发展规律

张楠择教[①]

1989年张志成和赵敏双双在某重点院校获得博士学位。1990年两人幸福地步入婚姻的殿堂。次年,他们有了聪明可爱的小宝宝——张楠。在幼稚园,张楠被誉为"小神童"。3岁时他就能熟练背诵乘法口诀,做两位数的加减法运算;他擅长表达,经常在教室讲故事惹得老师和小朋友们哄堂大笑。眨眼间张楠到了上学的年龄,张志成夫妇觉得学校教育的步伐太慢,赶不上小张楠的智力发展。于是,他们做出了重大的抉择——不送孩子上学,自己在家培养。

张楠果然不负众望,10岁就学完了初中的数、理、化课程。但他不爱学语文,因此语文成绩仅居于同龄孩子的中下游水平。由于每天都面对父母和家庭教师,缺少与同伴交流的机会,也不大与外人接触,张楠不太会与人交往。偶尔在街上看到与自己同龄的孩子欢快地嬉戏玩耍,张楠只是在一边默默地观望,他不想加入他们的游戏,也不知道怎样走近他们。张楠的自理能力也较差,因为平时父母怕洗衣服、叠被子之类的琐事占去他学习的宝贵时间,因此都替他做了。面对张楠可喜的学习成绩、懒散的生活习惯以及孤独的性格,张志成夫妇困惑不解。把孩子继续留在家中,尽管他的理科成绩会突飞猛进,可是他总有一天要步入社会,接触各式各样的人群,到那时他又怎样应付? 把孩子送回学校,是让他跟同龄的孩子一起读五年级,还是让他直接读高一? 毕竟他的语文基础较差,而且自理能力不强,如果读高中一年级,他恐怕仍旧很难适应,产生巨大的心理负担。如果选择送他去读五年级,将意味着赵敏四年的努力前功尽弃。2002年9月,张志成夫妇又做出一次重大的抉择——把张楠送到希望小学五年级的教室里。

张志成夫妇为什么做出这样的抉择? 你认为这对张楠而言是不是最好的机会?

---

① 傅维利.教育问题案例研究[M].北京:人民教育出版社,2004:7.

儿童发展问题是研究人的发展问题中的一个永恒问题,是教育学、心理学、社会学、哲学、人类学等多学科研究的领域,该问题的研究已经积累了大量的知识。本章的任务就是把这些丰富的知识加以概括、提炼,帮助教育者形成对儿童的发展的基本知识,为具体探究儿童的发展与教育之间的内在关系打下基础。儿童教育在其最基本的意义上说,也就是满足儿童的发展需要,并在儿童的发展中起一种动力促进或价值导向的作用。

第一节　儿童发展基本规律

一、儿童发展的概念

"发展"的概念在 18 世纪后才逐渐为人们所接受,后来得到了进化论者的科学阐述,成为人们描述社会和人生的一个常用词,也成为教育学中的一个基本概念。从词源上说,"发展"(develop)是指"展开"、"实现",喻指事物按照预先具有的内在规则不断形成的过程。从哲学上说,发展是指自然、社会和思维领域中一种持续不断的运动变化过程,这个过程是由低级向高级、由简单到复杂、由封闭到开放、由潜能到现实的。因此,发展不等于位置的移动、数量的增减等,而是一种旧质不断消失、新质不断增加的过程。

"儿童的发展"有两种意义:第一,儿童个体的发展,指儿童个体在外界环境的刺激下,身心各方面结构与功能的不断优化和增强。这种变化的实质是儿童个体所具有的潜能在一定的条件下不断地转变为显能,提高自己适应和改造环境的能力。第二,儿童总体的发展,指儿童作为相对于成人的特殊群体在历史中的发展变化过程。在这个意义上,我们可以说它包括儿童观念的发展等相关儿童的多方面发展。

儿童个体的发展有三个层面:生理层面、心理层面、社会层面。生理层面的发展是指个体生理构造(形式)的完善和机能的增强。心理层面的发展是指态度、认知、情感、意志、需要等心理品质以及个性心理方面的和谐发展。社会层面上的发展主要是指个体社会认知、适应、交往、沟通、创造等方面能力的发展。这三个层面的发展相互影响、相互制约,表现出种种复杂的发展状态。

二、儿童发展的基本特征

1. 发展的阶段性

阶段性是指人的身心发展过程中由量变和质变更迭出现所引起的可区分为不

同阶段的特性。人的身心发展和任何其他事物发展一样,也有一个从量变到质变、新的量变引起新的质变的过程。处于量变时,人的身心特点处于相对稳定状态;发生质变时,人的身心特点发生根本性变化。量变的质量不断更迭使得人的身心发展呈现出明显的阶段性,其特征有:① 不同的人,其身心发展都有一些相同的基本阶段;② 各阶段出现的先后次序固定不变,既不能逾越,也不能颠倒;③ 在每一阶段都会呈现出该年龄阶段的人所共同的又区别于其他年龄阶段的独特的、稳定的身心特点。在人的发展中,心理、生理、社会性各方面呈现出相对独立的前后衔接的阶段。如皮亚杰、埃里克森等对发展阶段作过论述(见表 3-1)。

表 3-1 儿童心理发展阶段划分对照表①

生理年龄(岁)	划分期	现代学制阶段	皮亚杰认知发展阶段	埃里克森人格发展阶段
0～1	乳儿期	托儿所(先学前期)	0～1.5(感知—运动)	0～1.5(信任—不信任)
1～3	婴儿期			
3～6,7	幼儿期	幼儿园(学前期)	2～6(前运算)	1.5～3(自主羞愧—怀疑)
6,7～11,12	童年期	小学(学龄初期)	7～11(具体运算)	3～5,6(主动—内疚)
11,12～14,15	少年期	初中(学龄中期)	2～17(形式运算)	6～12(勤奋—自卑)
14,15～17,18	青年期	高中(学龄晚期)		11,12～17(同一性—角色混乱)

儿童发展的阶段性要求儿童教育适应受教育者的接受能力,要依受教育者的心理发展过程循序渐进地进行。

2. 发展的不平衡性

不平衡性是指在人的发展中,心理、生理、社会性各方面不是同步进行的和和谐统一的,在某一年龄阶段有些方面的发展可能比较快,而另外一些方面的发展可能比较慢,呈现出不平衡性。这种不平衡性表现在两方面:一是指同一方面在不同年龄阶段中的发展是不平衡的。如智力的发展,在儿童最初的几年发展很快,4 周岁前就已达到成人智力水平的一半,而此后则呈阶梯形减速发展。二是指个同方面在不同发展时期的不平衡性,即有的方面在较早的年龄阶段已经达到较高的发展水平,有的方面则要到较晚的年龄阶段才能达到较为成熟的发展水平。如儿童的视觉、听觉很早就达到成熟水平,而思维尤其是抽象思维的能力,则要到较晚的年龄阶段才能成熟。

---

① 刘金花.儿童发展心理学[M].上海:华东师范大学出版社,2013:12.

人的发展的不平衡性告诉我们,人的不同素质都有其发展的关键期和最佳期。在关键期内施加教育影响,可以起到事半功倍的效果,错过了关键期的教育,往往事倍功半。因此,教育必须适应人的发展的不平衡性,在人的素质发展的关键期内施以相应的教育,促进该素质的发展。如4～5岁时儿童视觉、听觉发展达到较高水平,是进行绘画、音乐教育的最佳期,还有一些心理发展的关键期见表3-2。

表 3-2　心理发展"关键期"(列举)①

1～3 岁	口语学习
4～5 岁	书面语言学习
0～4 岁	形象视觉发展
5 岁左右	掌握数的概念
10 岁以前	外语学习

3. 发展的整体性

发展的整体性是指人某一方面的发展会影响整体的发展,整体全面的发展才是可持续的发展。例如,人的道德、情感、身体的发展状况会制约人的整体发展。经济学中的"木桶理论"可以很好地说明发展的整体性的重要性。

4. 发展的个性

发展的个性是由于每个个体在遗传、环境、教育等方面所获得的条件不同,其身心等方面发展的实际面貌总会表现出一定的个别差异性。这种个别差异性首先表现为不同学生在同一方面的发展的速度和水平各不相同。如两个同为6岁的儿童,一个儿童的抽象思维已有很好的发展,已经掌握数的概念,可以利用概念进行运算;另一个还不能脱离实物进行运算。其次,不同学生在不同方面的发展速度与水平也不尽相同。如有的学生数学能力强,有的学生则语言能力强等。最后,不同的学生所具有的个性倾向性也不同。如有的学生热情,有的则冷漠;有的学生合群,有的则孤僻;有的学生果断坚强,有的则优柔寡断;等等。

由于人的发展的个性,教育必须因材施教,必须充分发挥每个学生的潜能和积极因素,有的放矢地选择适宜、有效的教育途径和方法手段,因材施教,"一把钥匙开一把锁",使每个学生都能得到最大的发展。

---

① 刘金花.儿童发展心理学[M].上海:华东师范大学出版社,2013:15.

第二节　影响儿童发展的基本因素

儿童的发展受多种复杂因素的影响和制约,主要有遗传、环境、学校、个体四种,但是遗传、环境和学校对人的发展的影响,必须通过受教育者的个体实践活动和主观能动性来实现。全面地认识这种复杂的影响和制约因素并据此提出相应的教育策略是教育工作者的基本功,也是教育工作者不可推卸的责任,在此问题上要坚决地反对形而上学的思维方式和学术观点,学会综合地、辩证地和整体地看待问题。

一、遗传因素及相应的教育策略

1. 遗传素质与作用

遗传素质是指个体从祖先那里继承下来的外在的和内隐的解剖生理特征,如机体的构造、形态、神经类型、感受性等。遗传素质细分起来还可以分为由基因所携来的与由生命诞生和分娩时的外部环境所带来的永久性影响。

遗传素质是个体发展的生物学前提,影响了个体后天发展的差异性和可能性,对人的生理发展、心理发展和社会性发展都起着重大的作用。如一个生而失聪的儿童,就不可能发展其听觉能力而成为一个音乐家。人们常说婴儿的发展是"三翻、六坐、八爬叉、十个月会喊爸爸",就反映了人的遗传素质的发展过程。教育必须按照遗传素质发展的水平进行,超越于或落后于遗传素质成熟水平的教育都不利于人的发展。如让6个月的婴儿学走路,让4岁的小孩学高等数学,不但无益,反而对其发展有害。除此之外,遗传素质的差异性对人的发展有一定的影响作用。

遗传决定论是人的发展的一种理论,代表人物是英国人类学家高尔顿、美国心理学家霍尔和奥地利心理学家彪勒。这种理论认为个体的遗传素质在其后天的发展过程中起决定性的作用,儿童的智力和品质在其生命刚诞生时的生殖细胞中就已经被决定了,后天的环境和教育对于儿童的影响只能起延迟或加速这些先天遗传能力的实现,但不能从根本上改变它们。这种理论看到了遗传素质对于人的后天发展的巨大作用,但是却夸大了这种作用。

2. 相应的教育策略

（1）优生教育。

遗传素质的差异对人的发展是有影响的。一个神经活动灵敏、智力超群的儿童比较容易教育成材;一个天生弱智的儿童,教育起来就相当困难。中国科学院心理研究所调查了 22.8 万儿童,发现低能儿占 3‰～4‰,而低能儿中 50％以上是先天因素造成的。因此,应注意优生优育问题。

（2）素质补偿。

某些遗传素质上的缺陷可以在后天环境和教育影响下得到补偿。有实验表明,某些缺乏音乐天分的人应用某些特殊的训练方法,可形成他们的音乐听觉。再如某些视觉器官受损或失明的人,在与环境的相互作用过程中,他们的听觉、嗅觉、触觉往往就特别发达,以补偿视觉机能方面的先天缺陷。

（3）潜能开发。

脑具有很大的可塑性,这是脑潜能开发的脑生物学基础。科学地用脑,就能把脑的潜能最大限度地开发出来。"聪明的半脑女孩"(《北京晚报》2008 年 11 月 14日),报道说,河北省承德市的一位小女孩,因为患上一种罕见的疾病——Rasmussens脑炎,必须及时地做左侧半脑切除术,这种手术是切断两侧半球的联系,切除主要放电区中央区的皮层,再切除剩下皮层与丘脑的纤维联系。因为人的左脑有支配语言功能的"布洛卡"区和"维耳德尼克"区,切除左侧的大脑皮层,就意味着小女孩从此要失去语言功能。据悉,孩子在 10 岁之前大脑有很强的可塑性,就是手术后大脑左侧的功能可以转移到右侧,正是这种超强的可塑性才使小女孩在切除左侧大脑半球后没有出现语言丧失。

（4）缺陷矫正。

著名的神经生理专家巴甫洛夫研究指出:神经活动类型在生活进程中发展着、变化着,并且神经活动类型不仅是遗传的结果,也是环境和有机体之间复杂的相互作用的结果,教育能养成儿童生活所必需的神经活动类型。由于轻微脑损伤和视力、听力障碍引发的小学生学习障碍,儿童需要在专业的感统训练机构中由专业人员进行矫正,可以达到一定的效果。

二、环境因素及相应的教育策略

1. 环境因素与作用

环境因素是指那些对人的发展产生影响的外部世界,包括自然世界和社会世界两个相互联系的部分。

对于遗传素质而言,环境因素特别是社会因素是更为根本的因素。社会因素包括社会的政治因素、经济因素、文化因素等,每一种因素又可以划分为制度层面、观念层面、关系层面、物质层面等。它们提供人的发展所需的物质和社会条件;构成人的发展的巨大动力；影响人的发展的价值方向；影响人的发展的内容；对人的发展本身具有一种广义的教育作用。不过，由于环境因素自身的复杂性，环境因素对人的发展的影响既可能是积极的，也可能是消极的。

环境决定论是人的发展的一种理论，代表人物是法国18世纪的思想家爱尔维修、美国的行为主义心理学家华生和文化人类学家本尼迪克等。其主要观点是：人的发展的一切差异都是由后天的环境因素特别是社会因素所决定的，先天的遗传素质和个性特征在人的发展中几乎没有什么作用；人整个是环境的"产物"，有什么样的环境就会产生什么样的人。这种观点看到了环境在人的发展中的巨大作用，但是却把这种作用夸大到不适当的程度，犯了形而上学的错误。

2. 相应的教育策略

人总是离不开环境而存在的，个体永远生活在一个有遗憾的环境中。教育工作者必须认真研究环境对人的发展提出的要求，明确时代对儿童的不同要求。重视成长环境的建设，包括家庭环境、社会环境、学校环境和班级环境的建设，做到"环境育人"；善于利用环境中的积极因素，转化环境中的消极因素，创造出有利于人的成长的环境因素。

三、学校因素及相应的教育策略

1. 学校及其作用

学校是按照一定的目的和制度组织起来的促进学生发展的特殊环境。学校因素是指那些影响学生发展的目的、制度、内容、人员、环境、手段等因素。

学校是专门以促进学生的有价值发展为己任的有组织的教育机构。学校因素在人的发展中起综合的作用，即根据学生的身心发展规律把人的遗传素质与社会影响综合起来，提出适宜的发展目标，设置适宜的课程体系，采用适宜的教育手段、方法和评价形式，从而促进学生在一定时间内的最大发展。

学校万能论是人的发展的一种理论，也是关于教育功能的一种理论。这种理论认为学校在人的发展过程中起决定性的作用，不仅如此，它还认为学校可以解决社会生活中没有解决的问题，例如通过教育解决社会分配中的贫富不均问题。这种看法看到了学校在人的发展中的独特作用，但是没有看到人的发展的复杂性，夸大了学校对于社会的反作用，是一种具有浓厚的"乌托邦"色彩的主张。

2. 相应的教育策略

教育工作者要充分重视学校在人的发展中的作用；不断地根据社会发展要求改革学校；发挥教师和学生在学校生活中的主体地位；让学校生活真正具有教育

性;真正让儿童在学校中能经历深刻的精神转变过程。

四、个体因素及相应的教育策略

1. 个体因素与作用

个体因素主要指个体在后天生活中形成的人生态度、价值理想、道德品质、知识结构、身体素质、个性特征等。个体因素的核心是人生态度和价值理想,它们给个体的发展上了底色。

个体因素在个体发展中起最后的决定性作用,学校、环境和遗传素质只是为个体的发展提供了外在条件,这些条件如何发挥作用,完全在于个体自己;个体因素在个体的发展过程中起着最终的定向、动力和基础作用;个体因素缺失或丧失发展的内在性,则会造成个体发展的被动性、外在性和异化,最终阻碍个体的发展。

2. 相应的教育策略

教育者充分地发挥个体因素在发展中的作用;牢固树立教育是通过"自我教育"而实现的信念;提升个体的素质水平,特别是通过环境和学校教育提升学生的理想和志向水平,提高他们的成就愿望和发展需要。

第三节　学前儿童与小学儿童的年龄特征

　　个体的发展要经过一个个既连续又非连续的阶段。每个阶段都与一定的年龄相对应的具有不同于其他阶段的一些特征,我们称它为年龄特征。它是指该阶段具有的不同于其他年龄阶段的特征,且是占主导地位的心理特征;它能代表该阶段大多数儿童都具有的典型特征和一般态势,它受到生理发展、心理发展及社会文化历史影响,但在一定的社会历史和文化教育的背景下,具有相对的稳定性和继承性。本书参照国内外现行的年龄阶段划分方式,将儿童心理发展的阶段作如下划分,具体见表3-3。处在童年早期、童年中期的儿童我们也分别称之为学前儿童与小学儿童,本节就这两阶段儿童的年龄特征展开叙述。

表 3-3　儿童心理发展的阶段①

新生儿期	出生～1 个月
乳儿期	1 个月～1 岁
婴儿期	1～3 岁
童年早期或幼儿期	3～6、7 岁
童年中期	6、7～11、12 岁
童年晚期或少年期	11、12～14、15 岁
青年早期	14、15～17、18 岁

一、学前儿童的年龄特征

　　从 3～6、7 岁这一时期称为幼儿期,这是儿童进入幼儿园的时期,也是儿童身心快速发展时期,具体表现在以下几个方面。

1. 学前儿童的身高、体重、大脑、神经、动作技能等方面获得长足的进步

　　学前儿童平均每年增高 6～7.5 厘米,6 周岁的时候身高接近成人身高的 70%;4～6 岁,每年增加 2.25～2.75 千克;大脑结构在继续发展,3 岁时脑重 1000

---

① 刘金花.儿童发展心理学[M].上海:华东师范大学出版社,2013:12.

克,六七岁时脑重为 1250～1300 克,已接近成人的脑重。神经纤维髓鞘化接近完成,皮层细胞的联系增加,皮层分析综合活动日益完善,第二信号系统进一步发展。这时幼儿出现新的心理矛盾,游戏是解决这一矛盾的主要活动形式。它能动地推动着幼儿身心不断向前发展。

2. 大肌肉的发展已能保证学前儿童从事各种简单活动

由于大肌肉的发展,他们会不知疲倦地从事各种活动。如:自如地走、跑、跳;单脚跳跃,甚至跃过低矮的障碍物;跑上跑下楼梯,熟练地攀登;抛掷各种物体;在音乐的伴奏下,节奏明快、动作整齐地跳舞;在跑动中越过各种障碍物,如沙坑等;按照一定的规则参加体育竞赛。5～6 岁时,学前儿童的小肌肉开始发展,这时就能从事绘画、写字、塑造等活动了。

3. 学前儿童直觉行动思维相当熟练,并逐渐掌握具体形象思维

学前儿童直觉行动思维相当熟练,学会在动作之前就能在头脑里进行思考,思考超越了时空的限制,有了一定的目的性和预见性。但是,思维还离不开事物的形象,对事物的概括也总是具体的、形象的。6 岁时,学前儿童可以进行简单的抽象逻辑思维,如口算 10 以内数字的加减,判断一个故事要说明的道理等。而且他们逐渐掌握具体形象的思维、丰富的想象力,这集中表现在游戏以及泥工、绘画、讲故事等活动中。他们还特别喜欢收集"破烂"、拆装玩具,这是探究性的强烈表现。

4. 学前儿童词汇量迅速增长,基本掌握各种语法结构

学前儿童词汇量迅速增长,已经能掌握各类词,逐渐明确词义并有一定的概括性,基本上掌握了各种语法结构。在词汇量方面,据统计:3 岁达 800～1000 个;4 岁达 1600～2000 个;5 岁达 2200～3000 个;6 岁达 3000～4000 个。在语言表达上,他们可以自由地与人交谈,出现了自我中心言语。

5. 学前儿童开始表现出一定的兴趣、爱好、脾气等个性倾向以及与同伴一起玩耍的倾向

学前儿童大部分都不甘寂寞,喜欢与同伴一起玩,玩伴的数量随着年龄增加而增加。游戏转向联合性和合作性的游戏,玩伴关系由比较松散的撮合到比较协调的、有规则约束的结合。玩伴不稳定,经常在变化。学前儿童在游戏中争吵是常有的事,一般是为了争夺玩具或争演某个角色,也有的是为了使别的孩子服从自己。不过他们争吵的时间不长,也不会因此耿耿于怀。专家提示在没有玩伴的情况下,有的孩子会假想一个同伴跟自己玩,这种情况在 3～6 岁儿童中占一定比例。独生子女、智力较高的儿童更可能有假想的伙伴。这种情况一般到入学时会自行消失。

在与成人和同伴的交往中，自我意识有所发展，已经对自我形成某种看法，如知道自己是聪敏的还是愚笨的，是勤快的还是懒惰的，是漂亮的还是丑陋的，是讨人喜欢的还是惹人讨厌的，等等。

这一时期的学前儿童，开始表露出最初的个性倾向。随着他们身心各方面的发展，表现出活泼好动，求知欲和模仿性较强，能参加简单的劳动和学习活动。经过幼儿期的发展，为学前儿童进入学校从事正规的学习准备了必要的条件。

二、小学儿童的年龄特征

从 6、7 岁到 11、12 岁是童年中期，他们开始小学正式学习，学习生活成为他们主导活动。学习和游戏有所不同，学习是在教师指导下的有目的的系统的掌握知识技能和行为规范的活动，同时也是学生的一种社会义务。

1. 躯体的变化以缓慢和稳步的身体发育为特征，大脑的重量逐步接近于成人，动作技能进一步发展

小学儿童身材的变化不会像入学前那么显著，身高、体重平稳发展，活动量逐渐增加。此阶段的身高增加没有体重增加那么明显，胸部变宽了，身材显得更细长了。据生理学资料显示，9 岁时儿童脑重达 1350 克，12 岁时儿童的脑重约 1400 克，已经接近成人。他们的脑枕叶、颞叶基本成熟，大脑高级神经系统活动的机能进一步加强，睡眠时间需要 9～10 个小时。大部分 8～10 岁的男孩和女孩的身体技能，如仰卧起坐、立定跳远或短跑等处于相似的水平。从 7～8 岁开始，大部分孩子的平衡能力开始明显发展，身体的协调性和动作的准确性也相应发展。这个阶段的孩子已经具备了一些竞技体育的技能，而且可能会在一些项目上表现出一定的特长。在精细动作技能的发展方面，从 7 岁开始孩子书写的能力越来越强，表现为每个字的间隔、大小越来越均匀。8 岁的孩子书写的句子、算术题清晰且排列均匀、整洁。9～11 岁的时候，大部分孩子的书写方式开始从印刷体等比较标准的字体演变成比较潦草方便的手写体，这与父母的教育和训练有很大的关系。大部分 9 岁的孩子在写字和画画的过程中开始使用双手，如一手握笔，一手拿书或纸张。

2. 认知发展从前运算阶段向具体运算阶段转变

这一阶段，儿童的理解能力在精确性、复杂性和适应性上都会得到稳步而全面的发展。

小学儿童注意的稳定性不够，无意注意仍起重要作用。对便是对，错便是错，这是学前儿童和小学初期儿童的逻辑和判断。这一时期儿童开始出现具体运算，

在这一阶段里,正义和公平的准则是在与他人相互协调的情况下制定的,它们不再被看成是绝对的或一成不变的。

3. 在集体生活的影响下,社会意识逐渐发展起来

在学校中的小学儿童通过集体生活和活动,大部分慢慢开始独立,孩子们在集体中的相互作用和相互影响会更加明显。在 7～11 岁之间,孩子们之间的友谊开始变得更持久、深刻和理性。孩子之间的友谊比较明显,普遍奉行的规则是公平和互动。从 9～10 岁开始,好朋友之间会花很多的时间进行互动。从 9～10 岁开始,大部分孩子才能够真正理解在公共场合与独自一人时需要不同的自我表现、自我管理和自我评价。此外,儿童期中期的后半阶段被一些学者称为性成熟的潜伏期。这个阶段孩子的性活动和功能还处在休眠状态,但在身心状态上孩子对性的准备已经悄然地进行着。

三、幼小衔接

儿童从幼儿园过渡到小学,不仅是学习环境的转换,学习方式、人际交往、师生关系、行为规范及社会期望等方面都发生了很大的变化。可以说是儿童个体在人生早期所经历的一场重大转变,是个体在还没有多少人生经验时所不得不面对的一次人生危机。如何让儿童顺利渡过这场危机,摆脱适应困难可能导致的儿童学习兴趣低落、疲劳、厌学、焦虑、恐惧等"适应性障碍",是我国基础教育系统工作中的一个关键节点。

1. 幼小衔接的内涵与目的

《幼儿园教育指导纲要(试行)》中明确指出"幼儿园应与家庭、社区密切合作,与小学相互衔接,综合利用各种教育资源,共同为幼儿的发展创造良好的条件"。

幼小衔接是指幼儿园和小学两个相邻教育阶段之间在教育上的互相连接。这一时期恰好是学前儿童结束幼儿园生活、开始接受小学教育的初期,也是幼儿心理发展的一个转折期。"幼小衔接"实质指的就是儿童连续的、不断发展的社会性心理、身体发展上的衔接。从 20 世纪 90 年代以来,幼小衔接问题便受到世界各国的普遍重视,许多西方发达国家不再将幼小衔接的概念等同于发展学生入学需要的一系列学习技能,而是关注学生的技能是如何发展和变化的,因此,幼小衔接不是一个事件而是一个过程。

对于幼小衔接的主要目的,多数人认为是增强幼儿进入小学阶段的适应性。如幼小衔接教育在幼儿园和小学的主要目标就是培养幼儿的适应性、准备性,这既有知识上的适应和准备,也有习惯和心理上的适应和准备,目的是让幼儿顺利过渡

到小学的学习、生活中去。当然,培养幼儿的入学适应性确实是幼小衔接的重要目的,但从儿童长期的发展效应而言,这种定位是有失偏颇的,其主要表现就是幼儿园为了增强孩子入学适应性而出现的教育小学化倾向,如幼儿园(家长)过早地让幼儿识字、算数等。这表面上是为孩子的发展负责,其实质是一种"拔苗助长"的教育意向,教育者在追求教育高效率的同时失去了对儿童生命意义的真切关怀。事实上,幼小衔接作为儿童生命成长的奠基阶段,不仅关系着儿童当下的发展,更为重要的是关切到儿童一生的幸福。因此,我们理应把促进儿童可持续发展作为幼小衔接的目标追求。①

2. 确立基于儿童视角的幼小衔接的研究思路

关于幼小衔接,已有的理论研究和实践操作做出了很多非常有益的探索,例如幼儿园与小学课程衔接、幼小衔接策略研究等。多数学者在研究幼小衔接问题时,是从课程理论出发来理解和设计幼小衔接课程,却往往忽略了这样一个事实,作为幼小衔接活动的主要当事人和真正的利益相关者——儿童,在其所经历的这次人生早期重大生活与发展环境改变中,他们是如何想的、怎样感受的,源自他们内心对小学的期待、兴奋、担心、焦虑又是什么,而他们又是如何运用自己那些尚不成熟的问题处理方式来应对这些人生重大挑战,等等,这些问题在已有的研究中被不自觉地忽视了。但事实却是,如果要真正达到对幼小衔接的正确全面认识,是离不开对儿童的经验和期待的深入理解的。② 在这一过程中,倾听儿童的声音,本身就有利于激发儿童的主体性,发展他们初步的自我反思的意识和能力,在反思中使他们实质性地参与到幼小过渡中;本身就具有教育性,可以发展儿童的自尊感、责任感和权利感等品质。作为人生早期应对危机的一次真正历练,如果在这一过程中儿童的这些品质都能得到初步发展,那对他们以后人生的可持续发展来说将获益匪浅。③

3. 幼小衔接的实施策略

幼小衔接不是一个事件,而是一个过程。从幼儿身心发展的连续性与阶段性这一高度认识幼小衔接问题,应从幼儿入园开始,培养其社会性适应能力,培养幼儿稳定的情绪、对活动的态度以及各种行为习惯,使幼儿逐步产生学习的主动性和积极性,这样才是为小学打基础,为人的一生发展奠定基础。

---

① 王声平,杨晓萍.近二十年我国幼小衔接研究述评[J].重庆文理学院学报(社会科学版),2011(1):150.

② 李召存.论基于儿童视角的幼小衔接研究[J].全球教育展望,2012(11):57.

③ 同上,60.

（1）加强幼儿园、小学、家长的多方衔接。

如何帮助儿童做好入学准备。幼小衔接的策略要从影响儿童发展的环境入手，除了学前教育机构要帮助儿童做好入学准备之外，家庭和学校也要积极参与进来，加强各种力量间的配合和协作。

在课程衔接方面，上至教育行政部门和教育机构要加强科研和指导，制定出一套较详细的有关幼小课程衔接教育的规范性大纲，中至社会、社区加强对幼小衔接的理解、支持和观念的更新，下至家庭、学校为幼儿更好地适应学校生活实施种种有效的教育措施，而不仅仅是单方面的努力。

以往的幼小衔接工作，更多的是幼儿园向小学靠拢，适当调整一日生活内容与时间，经常组织大班儿童到小学去参观，使幼儿对小学的学习内容和各种要求有一个感性认识和心理上的准备。小学教师也应该与幼儿园老师多交流和沟通，共同研究教育理论、探讨教学方法、研究孩子的心理状况。

家长更多关注幼儿的情绪变化，培养孩子对学校的向往之情和渴望获得知识的热情。在日常家庭生活中，培养孩子的自理能力，在入学以前就会做很多事，自理能力的增强，会有助于入学后很快适应小学的集体生活。

（2）对幼小衔接相关课题展开行动研究。

教师是专业人员，教师的专业发展要求教师成为研究者。对于工作任务繁重的学前、小学教师而言，行动研究是他们实现专业化的重要途径。行动研究是从实际工作需要中寻找课题，在实际工作过程中进行研究，由实际工作者与研究者共同参与，使研究成果为实际工作者理解、掌握和应用，从而达到解决实际问题、改变社会行为目的的研究方法。它是通过实践来使自己和别人的想法与理论得以检验和理论化的过程。

对幼小衔接相关课题展开行动研究，研究问题直接来源于教师自己的教育教学实践，是自己在实际工作中面临、关心的问题，是教师自己的直接经历和感受。因此，教师有便利条件广泛收集信息，发现问题，研究问题。行动研究根本目的在于自己的实践的改善。行动研究把解决实践问题放在第一位，在实践研究的基础上，在一定的范围内作出自己的理论贡献，在团队的协作下使研究过程成为一个理智的工作过程，达到研究和行动的完美结合，促使幼小衔接问题真正走进儿童的需求。

📖 **阅读资料**

中国教育报/2012 年/3 月/18 日/第 002 版

学前教育·治园

美国幼小衔接怎么做

江苏教育科学研究院 邬春芹

幼儿面临多次转变,从学步儿童到进入幼儿园,再从幼儿园进入小学一年级。美国的幼儿园已被纳入公共教育系统,专门招收 5 岁幼儿,附设在公立小学和私立小学中。大多数的州开始在小学内设置前幼儿园,招收 4 岁的幼儿,少量的州也招收 3 岁幼儿。从幼儿园进入小学的幼小衔接是幼儿转变中的一个重要阶段。

在美国,人们越来越认为"学校准备"不仅影响幼儿入学后的状态,也影响学校教育所有儿童的能力。2001 年,美国政府颁布的《不让一个孩子落后》的教育法令,目的是改革从幼儿园到 12 年级的教育,改革的重点是明确责任,严格各州的标准。联邦政府将学前教育中的阅读和幼小衔接作为优先发展的领域。

美国的研究人员研究表明,三个重要的因素影响幼小衔接能否成功:幼儿的技能及先前的经历、幼儿的家庭环境、幼儿园的课堂教学实践。那些经常为子女提供社会适应机会的家庭的幼儿过渡较为顺利。发展性的合适的课堂实践有助于帮助幼儿轻松愉快地升入小学。为促进幼儿的顺利过渡,美国从两个方面采取对策:一种做法是从宏观上整合系统或促进系统的合作,学校做好幼小衔接工作;另一种做法是幼儿园帮助幼儿做好准备。

在学校做好准备以帮助幼儿适应方面,美国主要有两条途径:一种是设置从托儿所到 3 年级的学校;另一种是学前教育系统与学校系统之间的整合。长期以来,美国都是将幼儿园到小学 5 年级作为一个学段。在越来越多的公立学校设立招收 4 岁幼儿的班级(有些时候也招收 3 岁幼儿)的背景下,为促进学前教育和小学的连续性,美国设计了一种"P—3 学校"。这种学校精心设计了满足幼儿需要的设施、教学日程和教育方法,采用了一系列的标准和课程,力图将学前教育完全整合进学校系统。这种转变非常缓慢,但有增长之势。

目前,美国大多数的 3～4 岁幼儿在非公立学校的机构就读。美国联邦政府为促进学前教育与小学的整合作了大量努力,如美联邦政府 2003 年颁布了《入学准备法》。美国教育政策对幼小衔接的重视也引发了课程与教师教育的变革。在课程上,当前美国的幼儿园中讲授式教学法占据主导地位,重视内容掌握,托儿所和其他类型的幼教机构也深受影响。这种趋势受到了一些学者的批判,他们呼吁将学前教育领域中有价值的学习规则引入小学低年级,如通过实践积极建构知识、参与决策制定、与教师积极互动等。

此外,对学校准备的重视也引发了美国教师教育的改革。

美国的教师资格证严格规定了教师任教的对象年龄和科目,但近年来出现了为促进学前教育和小学低年级的连贯性而颁发的相应执照。如宾夕法尼亚州、弗吉尼亚州、华盛顿州、威斯康星州提供前幼儿园到 3 年级的执照;阿拉斯加州提供前幼儿园到 4 年级的执照。一些州也出现一个教师先在幼儿园某个班级任教,当幼儿升学后,继续担任该班的教师 1~2 年。

帮助幼儿做好适应学校的准备,主要是由幼儿园来开展。美国的幼儿园从以下几个方面帮助幼儿做好入学准备:提前为幼儿进入小学做好教育和准备工作,如幼儿教师会和幼儿一起参观幼儿即将进入的小学,在幼儿即将升入小学的最后一年,按照小学的常规进行作息安排;将小学的不同的标准、服装、行为和家校互动的方式介绍给家长;提前让家长知道小学需要做哪些准备,如准备午餐盒、服装等;在幼小衔接中为特殊需要儿童和移民家庭的儿童提供额外的帮助;为家长和幼儿提供参观新学校的机会;幼教机构的教师与幼儿即将进入的小学的教师合作,制订一份衔接计划等。

思考题

1. 就本章引子提出的问题进行讨论。

2. 怎样理解儿童发展的基本规律?

3. 影响儿童发展的因素是什么?谈谈个体因素在儿童发展中的意义。

4. 如何根据儿童的年龄特征进行教育?

5. 试结合当前幼小衔接的现状,谈谈实施幼小衔接教育时应注意的几个问题。

第四章　儿童教育价值观

评语变脸

　　杭州余杭实验小学的周华娣老师给班里的璐璐小朋友写的评语，改变了过去评语的千篇一律和套话，而是针对璐璐的特点来写。璐璐是个可爱的姑娘，有一点点胖，有副热心肠，平时蛮招人喜欢的。但有时也有例外，比如璐璐好动，写作业不太坐得牢，学习没那么上心。周老师在评语里是这样写璐璐的：

　　说她胖，也不算胖，1米52的个头，100斤不到点。圆圆的脑袋，圆圆的脸，圆圆的眼睛，圆圆的嘴，就连小鼻子也是圆圆的。看着她那肥嘟嘟的可爱样，我会不由得笑起来。下课时，我爱叫她胖姑娘。

　　璐璐的口袋里经常会藏些稀奇古怪的小玩意，我再三禁止也不管用。藏起来后偷偷地玩着也罢了，但偏偏爱在同学面前献宝，弄得有几个小女生跟风。下课时，有事没事，她爱在我身边转悠，还不时给我点小小的"贿赂"。

　　璐璐的声音清脆，口头表达能力不错，专心听讲的时候，回答问题头头是道。她挨批评的时候，不像别的同学那样，闷声不响，而是你说一句，她都有应答，有时还一边抽泣一边回答。记得一年级时，有一回，她快答不上来了，就说："周老师，你别瞪着大眼睛看着我，我怕怕的！"听着那稚嫩的童音，谁还能狠下心来责怪这可爱的孩子呢？

　　周老师写完，用电子邮件发给璐璐妈。"写得太经典了！"璐璐妈对着评语感叹，还让女儿一起看。从前对老师评语只瞄一眼的璐璐，破天荒认认真真地读完全文。更让妈妈、老师没想到的是，周老师评语里写的那些小毛病，璐璐感触很深，后来改了不少。

　　这篇评语为什么学生、家长都喜欢看？写评语的目的是什么？儿童教育的目的又是什么？相信学习本章内容后，能够对以上问题有更深的感悟。

儿童教育活动是一种价值活动,它包含着儿童教育的价值认识、价值选择和价值创造,体现了儿童教育的价值引导和价值追求。儿童教育价值观是对儿童教育价值及其关系的根本看法,它对教育认识、实践活动、儿童的身心发展具有导向、指导、调控作用。综观中外儿童教育价值观的发展过程可知,社会主体的变革、人们认识水平的提高,都将引起儿童教育价值观内容的更新。新时期儿童教育价值观的主要内容有儿童教育的未来观、生命观和社会观。

第一节 儿童教育价值观概述

一、儿童教育价值观的含义

马克思认为,"价值这个普遍的概念是从人们对待满足他人的需要的外界物的关系中产生的"[①]。一般认为,价值反映的是主体与客体之间的一种关系,客体满足主体需要的关系。

教育价值就是指教育作为社会系统中的一种客体,对个体主体和社会主体的发展需要的一定满足(适合、一致、促进等)。[②] 儿童教育价值即为儿童教育这一客体对个体主体和社会主体的发展需要的一定满足。这里的个体主体仅指在校学习的儿童、少年;社会主体是指社会系统中的政治、经济、文化、科技等子系统。

儿童教育价值的基本表现方式即儿童教育对个体主体和社会主体发展需要的一定满足。它一方面表现为对受教育者身心发展需要的满足,这种价值是儿童教育的本体价值,亦即儿童教育的最基本的价值;另一方面表现为对社会其他子系统的发展需要的一定满足,这种价值是儿童教育的工具(或外在)价值。

儿童教育价值体系中的主体和客体都处于不停的发展变化之中,因而教育价值具有动态性。儿童教育价值不仅表现在满足个体主体和社会主体在现实条件下的需要,而且还表现在满足两者未来发展的需要。这样,便有了儿童教育的现实价值与理想价值之分。

儿童教育价值观是对儿童教育价值及其关系的根本看法,也就是对儿童教育

---

① 马克思恩格斯全集(第19卷)[M].北京:人民出版社,1972:406.
② 王卫东.现代化进程中的教育价值观[M].北京:中国社会科学出版社,2002.

与个体主体和社会主体的特定关系的根本认识,包括儿童教育对个体主体和社会主体需要的满足程度的认识,同时又是指对主体存在和发展所具有的意义功能属性以及主客体相互关系的特定效应等方面的认识。儿童教育价值观是人类价值观在儿童教育方面的具体化,是人们对儿童教育感知、认识的重要内容,是指导、支配和评价教育行为和功效的核心观念。

二、儿童教育价值观的意义

儿童教育价值观对儿童教育活动起着决定性的指导作用。主要表现在以下三个方面:

1. 对教育认识活动的导向作用

在任何认识活动中,主体的认知结构都起着不可忽视的导向作用。在人们的认知结构中,包含价值观念的因素。人们的教育认识活动,也就是在一定的教育价值观指导下进行的,教育价值观在人们的教育认识活动中发挥着为主体的认识活动规划方向的作用。在主体的教育认识活动中,优先认识什么、重点认识什么,并不是人们随意决定的,而是受价值观支配的。人们总是选择和接受对自己有价值的信息,而将其他信息进行"冷处理"。当人们认识到教育对自身的积极意义时,才会积极地从事教育认识活动;对这种积极意义认识得越深刻,教育认识活动也就会越深入。

2. 对教育实践活动的指导作用

人们进行教育认识活动,最终是为了更好地从事教育实践活动,不断地进行教育改革,使教育能够更好地满足人类在发展过程中产生的教育需要。

人类社会能够得以不断发展的主要原因就在于人总是不满足于现实的存在,要超越现实去创造自己的未来。人们对自身现实状况和理想状况之间差距的意识,是人们产生改变现实状况的精神动力。这种意识是在一定的价值标准基础上产生的。由此可以说,人们的教育实践活动,总是在一定的教育价值标准指导下进行的。这个标准是教育价值观的核心因素,是人们在长期的教育实践活动和理论研究过程中逐步积淀的有关教育对社会和个体的积极意义的一种深刻意识。它一经形成,就决定人们的教育实践活动,成为对人们的教育实践活动起决定性指导作用的思维框架,并决定人们对某种教育价值关系的取舍态度。所以,人们的教育管理决策活动、教育教学实践活动、教育理论研究活动等,都是在一定的教育价值观指导下进行的。

3. 对儿童的身心发展的调控作用

科学的教育价值观能制约或规范人们的教育选择,使人们通过接受良好的教育以获得较好的发展。在人的成长过程中,教育起着十分重要的作用。对于青少年学生来说,学校教育在他们身心发展中具有主导作用。在一定意义上说,人是教育的产物。然而,人是具有主观能动性的,人在接受教育或者为儿童选择教育的过程中不是被动消极的,儿童教育价值观对是否接受教育、接受什么样的教育等问题进行积极的评价和主动的选择。它制约着人的评价、选择活动,调节着人们对教育的态度和倾向,所以它对儿童的身心发展起着调控作用。

第二节　中外儿童教育价值观的发展

一、古代儿童教育价值观

中国古代教育中以教治国的思想,是建立在儒家以教化为手段的仁政、德治思想之上的,其教育主要是伦理道德教育,其功能表现为能维持社会政治的稳定但难以推动生产力的发展。职业技术教育势单力薄,虽然古代建筑、造船、造纸、印刷、医药、陶瓷、丝绸、染织的水平举世闻名,但相对于儒家教育为主体的教育而言,却处于不登大雅之堂的境地,并备受鄙视、排挤。在中国历史上,也有崇尚人的天性、主张为人而教的教育家和思想家。如唐代柳宗元提出"合乎气"的自然原则,明代王守仁认为教育必须顾及"童子之情",孔子提出"有教无类"的思想,但它不占统治地位。其目的不是为了人自身的发展,而更多的是以此来服务于封建统治的"礼"和"道"。把教育当做"卫道"的工具,把受教育者培养成统治阶级的"卫道士",是直接为封建统治阶级服务的,儿童教育价值观主要表现为工具价值方面,侧重于教育的政治功能。

西方古代儿童教育价值观主要表现为人的本体性价值。古希腊时期,以斯巴达教育和雅典教育为典型。当时雅典提出了以身心美且善的精神作为教人的理想,把教育看成是逐渐实现人的本质规定和自身和谐发展的有效手段,而教育的价值就在于使人的本质规定人的和谐发展得以实现。西方中世纪教育由教会把持,教育是为了培养僧侣及为教会服务的人,其教育价值观表现为工具价值方面,侧重于教育为统治阶级服务的功能。

二、近代儿童教育价值观

中国近代教育注重培养经世致用的人才。洋务教育推行"新学",加速了旧教育体制的解体,加快了教育近代化的步伐;各类新式学堂的创办,结束了以私塾、官学、书院为形式的古代教育体制;一批反映西方近代文化的自然科学、技术科学和社会科学知识涌进我国学校;留学生制度的建立,将中国近代教育从真正意义上引向世界近代教育的轨道。

随着新兴资产阶级的崛起及其"自由"、"民主"思想的萌生,以个人为中心的教育价值观受到重视。蔡元培说"教育者,与其守成法,毋宁尚自然,与其求划一,毋宁展个性"。他认为只有尚自然、展个性,才能达到他最终的教育理想——养成"完全之人格"。可见,注重满足个人发展的教育价值观已开始显露出来。

中国近代社会的儿童教育虽然还是以社会需要为中心,但是,教育价值观已经在内涵上发生了变化。即在重视教育的社会政治功能的同时,开始注重经济功能,这是我国教育价值观历史上的一大进步。随着外国教育思潮的不断影响,后期也出现了注重个人发展的儿童教育价值观。

西方文艺复兴时期,新兴的资产阶级为了谋取他们的经济利益和政治地位,以复兴古代希腊、罗马文化为借口,掀起了反对封建文化、创造资产阶级文化的运动。当时很多著名的人文主义思想家都很重视教育问题,如意大利的维多里诺、尼德兰的伊拉斯谟、法国的 F.拉伯雷和蒙田等人,或发表言论,或兴办学校,从事教育革新。他们反对封建教会对儿童本性的压抑,强调教师要尊重儿童的个性、关心儿童、信任儿童。他们认为教育的价值应该使人类天赋的身心能力得到和谐的发展,包括思维、热情和性格的发展。他们主张恢复古罗马时期所重视的体育教育,组织学生进行击剑、角力、骑马等富有挑战性的运动。他们揭露贵族僧侣阶级虚伪的道德,主张既保持虔诚的宗教信仰,又把勇敢、勤勉、进取、荣誉心等与个人福利有直接关系的品质作为道德的主要要求。在智育方面,他们主张扩大教学内容的范围,增加新的学科内容,同时注意调动学生的兴趣,改变经院主义的学风,建立生动活泼的教学气氛,还主张恢复古希腊重视美育的传统,将美与善结合起来。西方产业革命以后,随着社会的进步、科学技术的发展,人类认识自然、征服自然与改造自然的能力不断增强,教育在经济方面的价值得到了高度重视。

三、现代儿童教育价值观

中国现代教育注重为民众服务,确立了男女平等的教育权利。1920 年暑期,北京大学首次招收女生,之后南京高师招收女生,这是中国教育史上一件具有划时代意义的事件。1919—1921 年,杜威来华讲学,"儿童本位论"的教育思想在我国迅速传播。其后,陶行知先生提出了著名的"生活教育"理论,明确主张教育即人的发展、教育即人的解放。实用主义教育思想对我国教育目的、新学制的确立,对课程、教材、教法产生了重要影响。

20 世纪以来,世界各国的经济发展对教育的依赖越来越强烈,教育的经济功能充分体现。美国经济学家舒尔茨首次提出"人力资本"理论,把教育投资看做是一种生产性投资,开拓了人类重新认识教育功能的新纪元。但是,单纯的科学教育并不能取得人们预期的愿望,与科学技术相伴的不仅仅是物质成果的增加,而且许多社会问题也纷纷出现,如环境污染、生态失衡、能源危机等。联合国教科文组织国际教育发展委员会在其报告《教育世界的今天和明天》中指出,"技术已经产生了严重的有害结果,它已经危害着并且仍然在破坏着人与环境之间、自然与社会结构之间、人的生理组织与他的个性之间的平衡状态。无可挽回的分裂状况正在威胁着人类。应付这许多危险的责任大部落在教育上面了。教育要承担这个新任务,即提醒人们去认识这种危险"。

于是,20 世纪 50 年代,个人本位主义再度复兴。在这一思潮的影响下,涌现出一批代表现代教育思想的流派,如布鲁纳的"学科结构"与"发现法"原理、赞可夫的"教学与发展"理论、罗杰斯的"非指导性教学"等。20 世纪 80 年代,日本临时教育审议会第四次咨询报告指出,本次教育改革最重要的是铲除迄今我国教育根深蒂固的弊病——划一性、僵硬性、封闭性,确立个人尊严、个性尊重、自由和纪律、自我负责的原则,即"重视个性的原则"。韩国在确立 21 世纪教育目标时提出"完人观念",其内涵是:① 健康的人;② 独立的人;③ 创造的人;④ 道德的人。这些世界改革思潮和改革趋势正反映了儿童教育价值观开始向人的发展这一方向倾斜。

综观中外儿童教育价值观的发展过程,我们可以看出,社会生产力、政治制度、文化等因素影响着儿童教育价值观的变化。如在社会生产力水平较低的时期,人们的儿童教育价值观是单一的,主要以社会需要为主,表现为满足政治的需要。随着社会生产力的发展,儿童教育不仅满足政治的需要,还满足经济发展的需要,因而教育的经济功能不断显现,并在发挥其社会功能的前提下,关注儿童的发展,开始出现了儿童教育价值观的多元化。另外,主体认识的变化也影响着儿童教育价值观的变化。不同的社会发展时期,人们的认识水平是不同的。主体的认识水平是随着社会实践的变化而变化的。在社会实践中,人们由于创造了新的认识方法与手段,同时主体的认识能力的不断提高,因而对教育的属性的认识不断充分、深刻。中外儿童教育价值观发展的历史,可以使我们充分认识儿童教育价值观变化的影响因素,这对于我们确立新时期的儿童教育价值观是十分有益的。

第三节　新时期儿童教育价值观的主要内容

20世纪80年代以来,一种新的经济形态——知识经济逐渐进入经济的主流,并且迅速而深刻地改变着世界。所谓知识经济,1996年国际经济合作发展组织在题为《以知识为基础的经济》的年度报告中,首次对知识经济进行了定义:一个区别于农业经济、工业经济的新的经济形态正在开始兴起,即一个"以知识为基础的经济"(The Knowledge-based Economy)的时代已经来临,一个以知识和信息的生产、分配和使用为基础,以创造性的人力资源为依托,以高科技产业及智力为支撑的经济占整个经济的比例越来越大。由于知识经济是一种信息化、网络化、创新型的经济,它必将对教育的改革提出全新的要求,同时也为教育的革命性变化提供了前所未有的机会和条件,特别是对网络教育、创新教育、个性教育、综合学科教育和教育的国际化提出了要求又提供了可能。无疑,新时期社会经济形态的变化,以及由此引起的教育变革,必将为新时期的儿童教育价值观注入新的内容。

一、儿童教育的未来观

儿童教育的未来观是指儿童教育的价值不只是满足儿童现实发展的需要,还要为儿童未来的发展奠定基础。它包括可持续发展和现代化的儿童教育观。

儿童教育是人生接受正规教育的起步阶段,儿童教育的未来观就是要用我们所处的社会之未来和作为个体的人生之未来对人才的要求来指导儿童教育。

未来社会是应该更体现变化与发展的社会,其变化的速度、幅度和深度都远远超出历史上的任何时期,而人类文化知识、科学技术的发展也呈加速趋势。在未来社会中,大多数人将会不断变化自己的工作及工作方式。人的一生可能要多次改行,因此,像以往那样把继承和掌握人类历史上积累的基础性的科学文化知识,作为儿童教育的最重要的价值判断显然是不够的。

从儿童个体的人生未来来说,他们一生中在校学习的时间是少的,自学的时间是多的;有教师教的学习是少的,无教师教的学习是多的;儿童时期学的知识直接有用的是少的,需要根据工作要求学习的知识是多的。所以,对于一个变化迅速的社会来说,它更要求其成员具备终身学习和发展的意识和能力。也只有具备这种意识和能力的人,才能在面对一个陌生的世界时,不惊慌失措,善于运用自己的学习和创造能力,去解决挑战性的新问题。

树立儿童教育的未来观,就要摈弃教育的短期行为,着眼于生存能力、学习能力、与人合作能力、创造能力的培养,使儿童具有可持续发展的适应未来社会新变革的基础知识和基本能力。

从未来而不只是从历史的角度来规定儿童教育价值观的含义,要求儿童教育为儿童的终身学习与发展奠定基础,就是对儿童教育未来性的最基本的界定,也是儿童教育理想价值的表现。

儿童教育的未来性还体现在儿童教育的现代化的要求上。现代化是一个国家或民族在生产力的推动下从传统社会向现代社会转变的过程,在这一过程中,其社会要发生全面而深刻的变革和发展;从根本上说,它是社会在生产力、科学技术和教育等因素的综合作用下,以人的现代化为核心内容所进行的连续不断的自我更新过程。所以,现代化是与未来社会的变革紧密地联系在一起的。我国的现代化进程要求有与之相适应的现代化教育。只有现代化的儿童教育,才能培养出现代化的人才。

人是社会现代化的主体,同理,教师和学生是教育现代化的主体。儿童教育的现代化首先要求具有现代化的教师,只有现代化的教师,才能培养出现代化的学生。

现代化的教师要具有现代儿童教育的理念,能关注现代教育内容,掌握并运用现代教育手段。如能够建立现代化的儿童观,不再把儿童看做是被动地接受知识的"容器",而是把儿童看做是具有能动性的活动主体。教育过程中的儿童具有主动性、潜在性和差异性。教师要具有把最新的科技动态与基础知识结合起来的意识与能力。有的数学教师在"长度单位"的课堂教学中就进行了这方面的有益尝试,当学生掌握了米、分米、厘米、毫米以后,又问学生:"你们还知道有比毫米更小的长度单位吗?"从而引申出纳米、纳米技术等新的科技发展动态的有关内容。

现代化的教师还要求掌握现代教育技术,能根据教学目标与内容,制作课件;能运用网络查找资料;与学生、家长互发电子邮件;有条件的还可以开设网络课程;等等。那种不懂网络语言,不会上网及制作多媒体课件的教师,终将被未来社会、未来教育的发展所淘汰。

二、儿童教育的生命观

儿童教育的生命观是指儿童教育的价值不只是知识传授和技能训练,还要促进儿童生命多方面的发展。它包括开发生命潜力和指导儿童生命的儿童教育观。

教育本质就是要促使个体在不断的生长中主动发展自身的人格和学力。"生本教育"理论家郭思乐教授认为："教育是依靠人的特殊的精神生命活动的过程,它最终或基本上是由一个带有整体性、活动性和生长(创新)性的生命自己实现的。"[①]教育只有归属到遵循儿童的自身发展规律,点燃内在的发展热情,形成主动发展的内在品质,才能有效发挥一切教育的外在影响,才可能在教师与学生的有效互动中提高教育质量。所以,儿童教育的生命观是儿童教育本体价值的表现。

叶澜教授是我国较早提出并实践儿童教育的生命价值的学者。她的新基础教育的理论与实践,其重要理念就是要重新把教育对象的个体生命尊严和健全的人格发展,作为教育的出发点,呼吁"把课堂班级还给学生,以师生的主动发展为本",把教育工作的对象——学生的主动发展、生命成长,作为关注焦点。她认为,只关注现成知识传递价值的教师,实际上是在"育"以被动接受、适应、服从、执行他人思想与意志为基本生存方式的人。学生的需要问题,从学科的设置到教学大纲和教科书的编写,都没有真正进入作为设置者和编制者的心中。[②] 所以,叶澜教授一直把关注课堂教学中的学生、教师的生命价值,作为至关重要的问题来呼吁。

叶澜教授指出[③],传统课堂教学模式在教师的课堂教学行为中的表现,一般呈现出如下特征:① 完成认识性任务,成为课堂教学的中心或唯一目的。② 钻研教材和设计教学过程,是教师备课的中心任务。③ 上课是执行教案的过程,教师的教和学生的学在课堂上最理想的进程是完成教案。她认为,把丰富复杂、变动不居的课堂教学过程简括为特殊的认识活动,把它从整体的生命活动中抽象、隔离出来,是传统课堂教学观的最根本缺陷。它既忽视了作为独立个体,处于不同状态的教师与学生,在课堂教学过程中的多种需要与潜在能力,又忽视了作为共同活动体的师生群体,在课堂教学活动中多边多重、多种形式的交互作用和创造能力。这是忽视课堂教学过程中人的因素之突出表现。它使课堂教学变得机械、沉闷和程式化,缺乏生气与乐趣。缺乏对智慧的挑战和对好奇心的刺激,使师生的生命力在课堂中得不到充分发挥,进而使教学本身也成为导致学生厌学、教师厌教的因素,连传统课堂教学视为最主要的认识性任务也不可能得到完全和有效的实现。为了改变上述状态,她认为,必须突破(但不是完全否定)"特殊认识活动论"的传统框架,从更高的层次——生命的层次,用动态生成的观念,重新全面地认识课堂教学,构建新的课堂教学观。她所期望的实践效应就是:让课堂焕发出生命的活力。从生

---

① 郭思乐.经典科学对教育的影响及其与教育生命机制的冲突[J].教育研究,2003(2).

② 叶澜.重视课堂教学的价值观[J].教育参考,2002(5).

③ 叶澜.让课堂焕发生命活力[J].教育研究,1997(3).

命的高度用动态生成的观点看课堂教学,包含着多重丰富的含义。首先,课堂教学应被看做师生人生中一段重要的生命经历,是他们生命的有意义的构成部分。对于学生而言,课堂教学是其学校生活的最基本构成部分,它的质量直接影响学生当前及今后的多方面的发展和成长;对于教师而言,课堂教学是其职业生活的最基本的构成部分,它的质量直接影响教师对职业的感受、态度和专业水平的发展、生命价值的体现。总之,课堂教学对于参与者具有个体生命价值。她特别指出课堂教学质量对教师个人生命质量的意义。她说,"每个教师都要意识到这一点:课堂教学对他们而言,不只是为学生成长所作的付出,不只是别人交付任务的完成,它同时也是自己生命价值和自身发展的体现。每一个热爱学生和自己生命、生活的教师,都不应轻视作为生命实践组成的课堂教学,从而激起自觉上好每一节课,使每一节课都能得到生命满足的愿望,积极地投入教学改革"。这就是我们在认同课堂教学的社会价值、促使学生发展价值的同时,再指出它对教师同样具有生命价值,形成和提出课堂教学对教师和学生都具有个体生命意义这一观点的重要原因。

我国华南师范大学郭思乐教授等人与许多中小学合作开展的"生本教育"实验就是儿童生命观的具体体现[①]。"生本教育"认为,在教育中我们必须一切为了儿童,高度尊重儿童,全面依靠儿童。从"学生是一个个生命实体"的基本意义出发,树立"儿童是天生的学习者"、"儿童人人可以创新"、"儿童的潜能无限"、"儿童具有独立性"、"学生是教育对象更是教育资源"等新的理念。

提出儿童教育的生命性,是为了改变现在儿童教育中存在的重学科知识传授和技能训练价值、轻学生个体生命多方面发展价值的弊病。这些弊病是学校领域里见物不见人的最突出的表现,也是目的与手段关系的倒错。强调在儿童教育中增强生命性,就是要使每一个教师都强烈地意识到我们的工作直接面对生命,关系到人类最宝贵的财富——生命的成长。

我们要看到处于这一阶段的儿童,尽管他们拥有生命最宝贵的时期,但并不全然知晓该时期对于自身发展的价值,他们还缺乏生活经验和对生命的体验;尽管他们拥有多方面的需要和发展的可能,但并不全然清楚应如何选择、如何学习、如何努力。从这一角度看,这一生命时期又是最需要优秀和出色的教师的时期,这些教师懂得珍爱生命、懂得生命的整体性、懂得儿童期对于人生的独特重要价值,并善于开发生命潜力和指导生命发展。

具有儿童教育生命观的教师能够看到儿童具有的多方面发展的潜在性,能够

---

① 郭思乐.教育走向生本[M].北京:人民教育出版社,2003.

透过分数看到儿童的潜力,并尽可能把儿童的潜力开发出来。同时,能够做到心目中有人,而且是整体的人,就会处处从发展成长的角度去关注人,去做好自己的教育教学工作,从指导儿童生命发展的角度去对待儿童教育工作,指导儿童学会学习、学会生活、学会生存、学会创造,能够开展爱惜生命的教育、抗挫折教育,使儿童的身心得以健康发展。

三、儿童教育的社会观

儿童教育的社会观是指儿童教育的价值不只是个体的身心发展,还要促进儿童的社会化。它包括促进儿童社会化和儿童教育社会化的儿童教育观。

教育过程也是儿童社会化的过程,儿童是未来的公民,儿童教育必须使学生认识到社会和自己应尽的各种社会责任,热爱自己的祖国与民族,为自己民族的优秀文化和杰出人物而自豪,立志为祖国和人民奉献自己的才华和智慧。

儿童教育不仅要开发儿童潜能,促使儿童身心健康发展,而且还要培养能够把自己的生命与人民的命运紧密相连的优秀公民,而不是只顾个人利益,无视社会义务,只知向社会索取,不知尽社会责任的极端个人主义者。

在今天独生子女普遍化,社会比过去更多地承认个人利益和需求的合理性,金钱的诱惑力增强,小学教育所处的社会环境发生了变化,学生接受学校以外的各种教育影响的可能性大大增加,有些影响可能与学校教育的目标、观念相冲突,学校所处的社会背景的变化,要求学校教育在树立社会主流价值观和以它来培养富有责任感和历史使命感的下一代上,发挥重要的不可替代的作用。

儿童教育是一项社会公共事务,它关系到千家万户和社会未来的发展。因此,必须把社会发展的需要和对人的要求的变化作为学校教育必须满足的重要任务,不能因儿童年龄小和小学教育教学内容的基础性,就忽视时代社会的变化,甚至拒绝抱怨社会的变化,试图保持那份稳定和宁静。

小学教育同社会变革与发展相脱离的现象在现实中并不少见,在此我们并不是要求学校带领儿童直接投入到各种各样的社会变革中去,而是要求教育工作者必须有时代和社会的发展意识,在文化精神上走在时代前列,把创建新文化并用新的文化精神,滋养年轻一代作为应尽的责任,这对于今天处在转型期和新世纪改革的中国社会而言特别重要。

在21世纪,教育具有重要的基础功能。它将在很大程度上制约着社会政治、经济、科技和文化的发展。儿童教育在培养儿童的政治、经济、科技、文化素养,培养儿童未来的参政和经济、科技、文化创新的能力等方面起着重要作用。文化教育的主要机构——学校也将成为社会一个多重的经济、科技和文化等方面的资源中心。随着电脑和网络的普及,未来的教育也不再只是学校教育,每个家庭乃至整个社会都将承担起教育的职能。学校将面向社会,为社会服务,社会也将越来越多地参与教育事业的发展,企业办学、社会办学将成为普遍现象。21世纪的社会中,将出现教育——社会一体化的状态,社区教育将成为实现教育——社会一体化的重要形式。

在网络时代、信息社会的今天,学校试图把学生关在象牙塔里实施教育,这是不可能的。许多学校充分认识到教育社会化的必要性,主动与家庭、社区相联系,采取"请进来"、"走出去"的方法,让学生接触社会、了解社会、增强社会责任感和社会活动能力。所谓"请进来",就是聘请社会有关先进人物、专业人员来校讲课、辅导。所谓"走出去",就是带领学生到各种社会机构或场所参观访问、调查研究,参加公益劳动或勤工俭学等社会实践活动,如定期到社区敬老院访老,到学农基地劳动,到博物馆、纪念馆参观,到少年宫、科技馆参加感兴趣的活动,组织环境问题调查,为贫困地区儿童捐款捐物,安排国内外的各种修学旅行,等等。不仅要让儿童接触当代社会优良的方面,也要让儿童适当地接触社会中存在的问题,如预防吸毒、艾滋病问题等,以便增强儿童的判断力和免疫力。

让课堂焕发生命活力[①]

【一】

教学,尤其是课堂教学(其中最基本的是必修课的课堂教学),过去是,当今依然是我国中小学教育活动的基本构成部分。近年来,随着课程改革的开展,不少学校冲破了必修课一统天下的局面,增设了选修课和活动课,丰富了课堂教学的内容和形式,但在必修课的课堂教学中却大多还保留着习惯的方式,顽强地展现着传统教育思想。有些同志认为,提倡素质教育就是加强选修课和活动课。由此,往往会提出这样的问题:实施素质教育降低了升学率怎么办?似乎素质教育就是只要发展学生的特长和多让学生活动,不追求基础学科的教育质量。在这种思想指导下,占教学总时数比例最高的必修课的课堂教学的改革,不会有本质意义上的进展,也不可能产生真正的效应。在此背景下,集中探讨课堂教学改革问题,就具有推进、深化学校内部教育改革的全局性意义。

课堂教学改革是学校教育改革中的一场攻坚战,对此我们必须有充分的认识。

---

①　叶澜.让课堂焕发生命活力[J].教育研究,1997(3).

课堂教学作为教学方式在我国已有近百年历史,它随新学校的诞生而逐渐形成。20世纪上半叶主要受日本式的赫尔巴特学说控制,50年代后至"文革"前,则以苏联教育家凯洛夫的教学理论为指导(在教学形式理论方面实质上与西方传统教学论是一致的),在实践中形成了较稳定的传统模式。粉碎"四人帮"后,学校恢复正常教学秩序时主要采用的依然是凯洛夫的教学理论。近十多年来,随着教学改革的开展,课堂教学有了不少新的组织形式,开始注重学生的主动投入。但大多数的课以及在教师的教学观方面,在深层次上并没有发生实质性的变化。这一传统之所以具有超常的稳定性,除了因它主要以教师为中心,从教师的教出发,易被教师接受外,还因为它视知识的传授和技能的训练为主要任务,并提供了较明确的可操作程序,教师只要有教材和教学参考书,就能进入规范,依样操作,理论也因此而得以广泛传播,逐渐转化成实践形式,扎根于千百万教师的日常教学观念和行为之中。总之,已有教学理论传统之长,深入实践主根之深,形式硬壳之坚,传习的可接受性之强,都使今日教学改革面临着强劲的真实"对手",教学改革要改变的不只是传统的教学理论,还要改变千百万教师的教学观念,改变他们每天都在进行着的、习以为常的教学行为。这几乎等于要改变教师习惯了的生活方式,其艰巨性就不言而喻了。

攻坚战之艰巨性还来自课堂教学综合研究之不足。我们已有丰富的教学论著作,但大多只是从某一侧面或层次切入:传统教学论从教的角度探讨问题。实用主义教学论则从学生立场出发;教育心理学的兴趣在心理过程的分析,无论是对"教"还是对"学";社会学更是集中在师生互动、课堂生活、人际关系等的描述上;学科教学法则偏重于结合学科内容的教学原则与方法的设计;国外学派林立的教学模式的研究,各自强调一个侧面,或认知,或策略,或行为控制,或情感、人际关系、人格发展。这一切都有助于我们认识课堂教学,但我们依然缺乏对"课堂教学"作为一个整体的、师生交互作用着的动态过程的研究,缺乏整合,缺乏对课堂教学的理性认识。因此,我们面临的任务不只是改变实践,同时,还需要在对已有理论批判性反思的基础上,通过对课堂教学的深入研究,通过整合与创造,形成既能揭示课堂教学实质,又能指导课堂教学改革实践的新理论,这同样是一项艰巨的任务,可以说,在理论上我们已走近"百川汇合"的"入海口",但还没有见到浩瀚无边的"大海"。

【二】

传统课堂教学的主要问题是什么?为何会存在这些问题?这是当前深化课堂教学改革首先要回答的。应该说,这些问题曾有过讨论,人们的认识也有进展。如认为过去的课堂教学主要关注教师的教,忽视学生的学;重视知识的传递,忽视能力的培养,忽视学生学习中的非智力因素;等等。然而,这些认识的进展,尽管起了拓展思路、丰富认识的作用,但仍然局限在对教学性质的传统认识中,并未跳出原有的"大框架"。今天,课堂教学改革的深化首先要求我们重新审视这一"大框架"的合理度。

所谓"大框架",即指把教学活动的性质框定在"特殊认识活动"范围内的教学观。它具有广泛影响并至今活跃在教学论界,故揭示教学作为认识活动的特殊性,历来是教学论的基本任务。现被普遍认同的观点大致如下:在教学中,学生不是独立的,而是在教师指导下进行学习的;学习的内容不是随意、自发产生的,而是经过选择和教育学加工的人类已经创造出来的、最基本的文化知识;教学过程是有目的、有计划、有组织的活动过程,不是日常生活中随机进行的认识过程。

上述教学理论在实践特别是在教师的课堂教学行为中的表现,一般呈现出如下特征:

(1) 完成认识性任务,成为课堂教学的中心或唯一目的。教学目标设定中最具体的是认识性目标,浅者要求达到讲清知识,深者要求达到发展能力。其他的任务,或抽象,或附带,并无真正的地位。

(2) 钻研教材和设计教学过程,是教师备课的中心任务。尽管也提出研究学生的任务,但大多数情况下,只是把学生作为一个处于一定年级段的抽象群体来认识,研究的重点也是放在学生能否掌握教材、难点在何处等,依然是以教材为中心来认识学生。教学过程的设计除了课程进行的程序外,重点是按教材逻辑,分解设计一系列问题或相关练习,在教师心目中甚至在教案上都已有明确答案设定。

(3) 上课是执行教案的过程,教师的教和学生的学在课堂上最理想的进程是完成教案。教师期望的是学生按教案设想作出回答,教师的任务就是努力引导学生,直至得出预定答案。学生在课堂上实际扮演着配合教师完成教案的角色。于是,我们就见到这样的景象:课堂成了演出"教案剧"的"舞台",教师是"主角",学习好的学生是主要的"配角"。大多数学生只是不起眼的"群众演员",很多情况下只是"观众"与"听众"。

以上就是传统课堂教学模式的大框架,在理论和实践中表现出来的基本特征。本文无意否定它的合理性方面。教学确实应以完成认识任务为主,确实与日常生活中和科学研究中的认识活动不同,具有自己的独特性。但是,我们认为这种认识又是有局限的。我们有必要进一步思考以下两个指向不同层面的问题。第一,现行理论是否已经把握了作为认识活动的教学之特殊性?传统理论在区别教学与其他认识活动的同时,是否忽视了它们之间的联系?这一问题在它所处的认识层面上与传统观点是相同的,即仍然把教学当做特殊的认识活动来研究,区别只是在具体观点和视角上。第二,对课堂教学的认识是否仅仅在认识论层次上就足够了?换言之,"特殊认识活动论"能否概括课堂教学的全部本质? 这是比第一个问题更富有冲击力的问题,它要求从更高的层次、更综合的角度去认识课堂教学,而且也只有这样,才能更准确地把握教学作为认识活动的特殊性。

总之,把丰富复杂、变动不居的课堂教学过程简括为特殊的认识活动,把它从整体的生命活动中抽象、隔离出来,是传统课堂教学观的最根本缺陷。它既忽视了作为独立个体,处于不同状态的教师与学生,在课堂教学过程中的多种需要与潜在能力,又忽视了作为共同活动体的师生群体,在课堂教学活动中多边多重、多种形式的交互作用和创造能力。这是忽视课堂教学过程中人的因素之突出表现。它使课堂教学变得机械、沉闷和程式化,缺乏生气与乐趣。缺乏对智慧的挑战和对好奇心的刺激,使师生的生命力在课堂中得不到充分发挥,进而使教学本身也成为导致学生厌学、教师厌教的因素,连传统课堂教学视为最主要的认识性任务也不可能得到完全和有效的实现。

为了改变上述状态,我认为,必须突破(但不是完全否定)"特殊认识活动论"的传统框架,从更高的层次——生命的层次,用动态生成的观念,重新全面地认识课堂教学,构建新的课堂教学观,它所期望的实践效应就是:让课堂焕发出生命的活力。

【三】

从生命的高度用动态生成的观点看课堂教学,包含着多重丰富的含义。

首先,课堂教学应被看做师生人生中一段重要的生命经历,是他们生命的有意义的构成部分。对于学生而言,课堂教学是其学校生活的最基本构成部分,它的质量,直接影响学生当前及今后的多方面发展和成长;对于教师而言,课堂教学是其职业生活的最基本的构成部分,它的质量,直接影响教师对职业的感受、态度和专业水平的发展、生命价值的体现。总之,课堂教学对于参与者具有个体生命价值。

然而,这一重要价值以前被人们普遍忽视,包括被一些强调教育与生活关系的教育家所忽视。如提出"教育即生活"的美国著名教育家杜威,他反对把教育的意义只看做是为学生将来的社会生活做准备,主张要从学生的生活出发来改造以书本作为出发点的旧教育,然而,他并未提及教育、教学活动对于教师的生命意义。我国近代著名的教育家陶行知先生提出过"生活教育",主张"关于生活"、"依据生活"和"为了生活"的教育,但主要是从社会生活与教育的关系的角度、从学生的角度提出要求的,同样地未涉及教师。另一位著名的教育家是苏联的列·符·赞可夫,他曾以《教学论与生活》为名发表过专著,主要也是从教学与学生个体发展的关系角度进行阐述,同样没有涉及教师。在《和教师的谈话》这本著作中,赞可夫专门谈到了课堂上的生活。他突出了课堂教学不仅要在内容上反映生活,更要注意"儿童在课堂上的生活","不要忘记学生本身的生活",应当从精神生活(人们思想、感情、愿望)的意义上来理解生活。精神生活可能是积极的、丰富的、多方面的,也可能是贫乏的、萎靡不振的、单调的。这里涉及了个体的生活,但依然把视线停留在学生身上。我认为,这些认识是重要的,但依然是不完全的,必须看到的是课堂教学质量对教师个人生命质量的意义。如果一个教师一辈子从事学校教学工作,就意味着他(她)生命中大量的时间和精力,是在课堂中和为了课堂教学而付出的。每一堂课都是教师生命活动的一部分。因此,十分重要的是使每个教师都要意识到这一点:课堂教学对他们而言,不只是为学生成长所作的付出,不只是别人交付任务的完成,它同时也是自己生命价值和自身发展的体现。每一个热爱学生和自己生命、生活的教师,都不应轻视作为生命实践组成的课堂教学,从而激起自觉上好每一节课,使每一节课都能得到生命满足的愿望,积极地投入教学改革。这就是我们在认同课堂教学的社会价值、促使学生发展价值的同时,再指出它对教师同样具有生命价值,形成和提出课堂教学对教师和学生都具有个体生命意义这一观点的重要原因。

其次,课堂教学的目标应全面体现培养目标,促进学生的全面发展,而不是只局限于认识方面的发展。

如前所述,把课堂教学目标局限于发展学生认知能力,是当前教学论思维局限性的最突出表现。这一方面是近代以来理性主义哲学和主智主义教育主流思想的反映,同时也是习惯于把原本为整体的事物分割为部分、方面的思维方法的表现。具体地说,就是把生命的认知功能从生命整体中分割出来,突出其重要性,把完整的生命体当做认知体来看待。

平时,当谈及学校教育培养目标,即学生发展的理想目标时,几乎无人会不顾及人的发展之全面性。但在学校教育的实施中,在教学实践中,却又常常把某一类的活动,或以某种内容为主的活动视作只为某一方面发展服务的。人们忽视的恰恰是一个重要的基本事实:无论是教师还是学生都是以整体的生命,而不是生命的某一方面投入到各种学校教育活动中去。因此,任何学校教育活动都会对人的身心产生影响。所以,每一项学校教育活动都应顾及学生多方面的发展。课堂教学,作为教学的基本活动形式更应该关注这一点。

在此要指出的是,我并不否认在课堂教学中,认识发展作为中心任务的地位,但是，不赞成把学生其他方面的发展任务丢掉，或者使他们完全依附于认识任务。有不少教学论著作中也强调教学过程中要十分注意调动学生的情感，引起学习兴趣，使学生乐学、好学，这里，对情感的重视，实际上只是把它作为服务于学习的手段。又如，有的学者强调语言学习中的情境与情感体验，其旨意是使情感作为有助于识记的背景发挥作用。还有学者强调把文学教材中的情感发掘出来，使学生体验并内化，这比前两者仅把情感作为帮助教师完成教学认识任务的工具要前进一步，但还没有注意到课堂生活本身促使学生情感发展的价值。在我看来，课堂教学的目标中应该包括情感目标，但不是美国教育家布卢姆在目标分类中所提到的，以服务于认知目标完成、与认知目标相呼应的情感目标，而是指向学生在对己、对事、对他人、对群体的情感体验的健康、丰富和情感控制能力的发展。显然，这不是一节课能完成的，必须通过每节课来实现，渗透在课堂教学的全过程之中。自然，课堂教学的完整目标，还应该包含学生意志、合作能力、行为习惯及交往意识与能力等多方面。其中每一项都应既有与认知活动相关的内容及价值，又有其相对独立的内容及价值。这些方面的统合，才构成学生生命整体发展。因此，在研究课堂教学时，要注意两方面的关系与整合：一方面是知识体系的内在联系、多重关系，以求整合效应；另一方面是学生生命活动诸方面的内在联系、相互协调和整体发展。这是一个尚需下大力气深入研究的问题。不仅要揭示上述两方面的规律，还要研究课堂教学与这些目标之间的具体关系。但今天可以明确提出的是：我们需要课堂教学中完整的人的教育。

最后，问题进入到对课堂教学过程的探究。本文提出的观点是：课堂教学蕴含着巨大的生命活力，只有师生的生命活力在课堂教学中得到有效发挥，才能真正有助于新人的培养和教师的成长，课堂上才有真正的生活。因此，要改变现有课堂教学中常见的见书不见人、人围着书转的局面，必须研究影响课堂教学师生状态的众多因素，研究课堂教学中师生活动的全部丰富性，研究如何开发课堂教学的生命潜力。

【四】

所谓影响课堂教学师生状态的因素，是指那些对教师、学生参与课堂教学的态度和活动产生影响的因素，不是指那些课堂教学过程中，因教学活动本身的进行状态而生成的动态的影响继续活动的因素。这些属于"前在"的因素有间接和直接影响之分。其中，主要的直接作用因素可作以下分类。

影响课堂教学师生状态的因素从大的方面可分为物质因素和心理因素。物质因素包括自然条件（季节，天气，星期几，上、下午等）和教室条件（空间，空气流通度,光线的亮度,室内布置,洁净状态,设施功能,物品有序态,教学用品配置量,座位排列式,周边噪音程度等)。心理因素较为复杂,又分为个体稳定性因素(在学生方面,包括学习成绩、学习兴趣、习惯、获奖情况、在班级中的地位、期望、与教师的关系、认同程度、个性等;在教师方面,包括业务水平、教学能力、自信度、准备状态、对班级的态度、师生关系、个性、期望等)、个体不稳定因素(师生即时心态、身心疲劳状态、外界临时性强刺激的效应等)和群体因素(包括班风和师生关系等)。

显然,上面所列的因素,除了自然条件外,其他的因素都是可改变和可控制的,改变、控制都应该以教学任务的优质完成为定向。其中,心理因素大部分是通过一段时间的教育、教学实践形成的,形成后即成为稳定态,对形成后的教学实践产生影响。把心理因素作"个体"与"群体"之分,是因为两者不仅有区分,而且有相互作用,尤其是当群体因素形成后,会对个体产生有效的影响。另外,心理因素的非实体性,往往使师生都易忽视,或者不被自觉意识到,但它们却最具影响力。不仅影响到学生在课堂上认知活动的状态与质量,而且影响到人生中处事、对人的态度与方式、整体的情绪状态、情感体验(满足与否)、意志行为等。教师同样如此,他(她)也是带着自己的全部身心和已有经验、状态进入教室,他(她)的心理状态影响他(她)对学生的态度、处理问题的方式、宽容度、耐心、机智,以及满足与否等情感体验。显然,这些都不能被简单地归结为认知因素或仅仅是与认知相关的因素。它们的存在本身具有自己的形态,有自己的作用方式和独立的意义。认识影响课堂教学的全部因素,包括显性的和隐性的;努力形成积极的因素,包括物质的和更重要的心理的;改变消极因素,包括稳定的和暂时的,这些都是为实现课堂教学高质量所必须首先要做的。

众多的因素参与、影响课堂教学,还不是课堂教学丰富性的全部,甚至可以说还不是主要部分。课堂教学的丰富性主要是在过程中展现。若要使其丰富性发挥积极效应,则必须改变课堂教学只关注教案的片面观念,树立课堂教学应成为师生共同参与、相互作用、创造性地实现教学目标过程的新观念。也就是说,课堂教学要真正成为实现上述新的教学目标的过程,不但要使师生的生命活力在课堂上得到积极发挥,而且要使过程本身具有生成新因素的能力,具有自身的、由师生共同创造出的活力。

为此,仍然首先要做好课前的教学设计。但应该按照新的教学任务来设计教案,内容的组织、方法的选择、学生教师共同活动的方式与过程,都应全面策划。不同的教学观必然会影响教案的设计,本文不可能具体地详细讨论服务于新目标的教案应如何设计(这需要有另一篇文章作专述),只能以提问设计为例。不要以为凡提问必能达到启发学生、调动思维积极性的目的。教师也许把问题编得十分细碎，使学生易获标准答案，由一串细问题循序渐进走向目标；也可能设计得使学生调动起自己的经验、意向和创造力，通过或发现、或选择、或重组的多种过程形成答案。前者体现出教师控制具体过程，希望学生按规定路线行进的强烈愿望；后者则表现出教师重视学生努力进行获取、形成、发现知识的过程，相信这一过程对学生的发展具有多方面的意义。关于教学设计与上课的关系，我十分赞赏德国教育家克拉夫基关于教学计划与教学关系的论述："衡量一个教学计划是否具有教学论质量的标准，不是看实际进行的教学是否能尽可能与计划一致，而是看这个计划是否能够使教师在教学中采取教学论上可以论证的、灵活的行动，使学生创造性地进行学习，借以为发展他们的自觉能力作出贡献——即使是有限的贡献。"所以，一个真正关注人的发展的教学设计，会为师生在教学过程中发挥创造性提供条件；会关注学生的个体差异（不仅是认知的）和为每个学生提供主动积极活动的保证；会促使课堂中多向、多种类型信息交流的产生和对及时反馈提出要求。这样，教学设计就会脱去僵硬的外衣而显露出生机。

教师只要思想上真正顾及了学生多方面成长，顾及了生命活动的多面性和师生共同活动中多种组合和发展方式的可能性，就能发现课堂教学具有生成性的特征。因为课堂上可能发生的一切，不是都能在备课时预测的。教学过程的真实推进及最终结果，更多地是由课程的具体行进状态，以及教师当时处理状态的方式决定的。从这个意义上可以说，一个教师尽管教同一门课，面对同一批学生，但他（她）在每节课上所处的具体情况和经历的过程都并不相同，每一次都是唯一的、不可重复的、丰富而具体的综合。教师的创造才能、主导作用，正是在处理这些活的情境中得到发挥，这些活的情境向教师的智慧与能力提出一系列的挑战：当学生精神不振时，你能否使他们振作？当学生过度兴奋时，你能否使他们归于平静？当学生茫无头绪时，你能否给以启迪？当学生没有信心时，你能否唤起他的力量？你能否从学生的眼睛里读出愿望？你能否听出学生回答中的创造？你能否觉察出学生细微的进步和变化？你能否让学生自己明白错误？你能否用不同的语言方式让学生感受关注？你能否使学生觉得你的精神脉搏与他们一起欢跳？你能否让学生的争论擦出思维的火花？你能否使学生在课堂上学会合作，感受和谐的欢愉、发现的惊喜？……

也许，还可以再列出一百个这样的问题，但却不可能穷尽一个真正充满生命活力的课堂可能发生的一切。我们把教学改革的实践目标定在探索、创造充满生命活力的课堂教学，因为，只有在这样的课堂上，师生才是全身心投入，他们不只是在教和学，他们还在感受课堂中生命的涌动和成长；也只有在这样的课堂上，学生才能获得多方面的满足和发展,教师的劳动才会闪现出创造的光辉和人性的魅力,教学才不只是与科学相关,而且是与哲学、艺术相关,才会体现出育人的本质。

🔄 思考题

1. 简述儿童教育价值观及其意义。
2. 谈谈中外儿童教育价值观的发展给我们的启示。
3. 怎样在儿童教育的各个环节体现儿童教育的生命价值?
4. 结合工作实际,阐述你对新时期儿童教育价值观的认识。

第五章 儿童权益

财新网整理了近年八起社会影响较大的幼师虐童事件[①]

时间/地点	事件	处理
2012年10月 山西太原	教师李某在十几分钟内先后对数名幼童施暴,其中有女童被扇几十个耳光。录像显示此前该教师曾多次施暴。	被辞退并处以拘留15日,幼儿园被取缔。
2012年10月 浙江温岭	教师颜某揪幼童耳朵离地,用胶布封住幼童的嘴,把垃圾铲和水桶扣在幼童头上,将幼童塞进垃圾桶,前后虐童近一年。	当事人被辞退并刑拘,另一拍照女教师被拘留7日。
2012年5月 山东济南	怀孕教师张某殴打男童。	被园方辞退并被终身禁止幼教行业。
2011年12月 浙江义乌	教师刘某以"不睡午觉"为由用棍棒将一男童的脸部和耳朵打伤。	被停职。
2011年7月 江苏南通	因"不认真唱歌",三名男童被教师王某毒打。	被辞退。
2010年7月 江苏兴化	因"上课说话",七名儿童被教师易某用电熨斗烫伤。	行政拘留10日,并处罚款500元。
2010年9月 江苏徐州	教师陈某因一女童与自己的女儿发生争执,殴打该女童十余分钟。	被辞退。
2010年5月 广东汕头	教师蓝某和李某多次鼓励、教唆幼童殴打同学并拍摄视频。	一人被治安拘留15日并罚款1000元,另一人因怀孕未被拘留。

---

① 黄晨.八起幼师虐童事件回顾［EB/OL］.http：//china.caixin.com/2012-10-25/100452094.html

近年八起社会影响较大的幼师虐童事件中的多数事件,教师仅仅因为"不听话"、"不会做"便对幼小的儿童拳脚相向,出手狠毒令人震惊。儿童是人类的未来和希望,今天的儿童是21世纪的主人。儿童的生存、保护和发展是人类发展的先决条件,直接关系到一个国家和民族的前途与命运。从儿童期着手培养,造就适应新世纪需要的高素质人才队伍,已在世界范围达成共识。本章对儿童权益发展做一概述,揭示儿童在各历史时期的基本生存状况和社会对儿童保护的努力。本章分两节,第一节探讨了儿童权益的发展和儿童崇拜,可以得出儿童权益不断受到重视的确认的过程,与人的地位的昂扬以及儿童观的演变过程大致同步。从人类历史上对儿童的不重视——重视——崇拜,彰显了儿童精神现象的永恒魅力。第二节探讨了教育与儿童权利保护,提出在儿童权利保护中儿童是主体,教育应当使儿童幸福。

第一节　儿童福利和权益的发展

儿童的权益是由法律认可并保障的儿童自由和利益,从更广泛的意义上讲,是一种理念,那就是现代社会倡导的儿童作为人无异于成人,儿童和成人彼此平等,具有相同的价值。儿童观的发展与人的地位昂扬以及儿童观演变过程大致相对,是近代以来儿童观演变的必然结果。

一、儿童福利和权益的发展

儿童期是人类个体生命周期中的起始部分,所以儿童期是客观的,它不赖于是否被人发现这一条件而生存。

在漫长的人类历史上,儿童概念很长时间被埋没在黑暗中,在古代,人们尚未发现儿童与成人有什么根本的不同,因而也没有明确的儿童观念。"儿童就是小大人",是缩小的成人而已,所以在儿童成长过程中,基本上由成人盲目地任性对待。虽然此间,个别有识之士如古希腊的亚里士多德、古罗马的昆体良、圣·奥古斯丁(St. Augustine,公元354—430,基督教教父)等已朦胧地看到儿童期的存在,但是作为社会意识而存在的儿童观念尚未生成,所以更谈不上儿童福利和权益的尊重和发展。可以说近代以前,由于社会把子女当做父母的私有财产,杀婴、卖婴、弃婴现象严重。

在欧洲社会里,基督教是禁止杀婴的,但代之而起的是弃婴的增加,教会兴办孤儿院以收容这些遗弃的孤儿。法国里昂在542年,巴黎在650年就有了慈幼事业的组织,都是由僧侣主持,贵族维持,许多妇女志愿者参加赞助的,当然他们不只是救济弃儿,而且救济其他不幸儿童。这一方面表明了儿童的生存条件有了一定的好转,另一方面由于教会为主体的儿童救济事业,普遍存在着儿童生来就有"原罪",要使他们尽早赎罪的中世纪的儿童观。在这种环境下生长的儿童,虽然由于疾病之类原因而致死的危险性较以前社会越来越小,但是他们很快被纳入成人的世界,当做"小大人"看待,通过"畏神"的教育消除所谓的"原罪"在教会统治的学校及其相关机构中,儿童因为学业不良或出现诸多小的违纪行为等,一般要遭到惨痛的体罚。到十三四世纪的时候,在法国、德国、瑞士、西班牙等国已有20万人从事贫儿救济,可见当时的儿童救济事业已达到了一定的社会规模。从此以后,儿童救济事业逐渐超过了教会的经营范围,而且日益壮大,但由于封建制度的崩溃而消减,于是国家逐步取代教会在儿童救济事业的地位,1552年英国爱德华二世首先将布拉伊凡宫开放,用于儿童保护事业。由于受到国家提倡,儿童救济事业愈益发达。[①]

随后,文艺复兴运动的兴起,否定了封建的基督教的伦理、习俗与制度,同时产生了新的人类观。这种人类观认为,人根据经验思维带来"自然"认识的转变,人是完全可以认识的、自由的、有规律性的活动体。这种人类观反映在儿童观领域,使儿童从传统社会的从属关系中解放出来,从确信人类的进步引申出儿童是自由而具有发展可能性的存在。尽管它承认了儿童的自由与兴趣,但并未把儿童本身看做是有个性价值的存在;也未否定儿童对于双亲的绝对服从关系。在实践上并未改变儿童的处境,鞭挞、体罚的教育习俗依然存在。从根本上扭转以成人社会的要求来对待儿童的儿童观,把儿童期看做人的一段特殊发展时期,并认为儿童有其特殊的不同于成人的需要,有不同于成人的精神生活。这种观念在卢梭的那个时代被大批思想家所发现和认同,成为一种社会性的观念。卢梭(1712—1778,法国启蒙思想家、教育学家)则是当时这种思潮的集大成者,他在其著作《爱弥儿》中发表了系统的关于儿童及其教育的思想,认为儿童期的存在是自然规律,儿童是真正意义的人,具有独立的存在价值,不仅仅是为将来的成人生活做准备。在关于儿童的观念的领域中形成了一股势不可挡的发现儿童的思潮,尽管这种思潮并未被全社会充分地深刻地认识,诸如在18世纪末,伴随欧洲工业革命出现了许多童工,他们

---

① 刘晓东.儿童教育新论[M].南京:江苏教育出版社,2008:43.

备受雇主的剥削压榨。在工业最发达的英国尤其如此,1802 年,英国国会通过"徒弟健康道德案"才稍有好转,但对儿童解放、儿童福利和发展带来不可磨灭的影响。它的最大受益者是在教育领域,继卢梭之后,教育领域中出现了"教育心理化"活动,主张教育应以心理学规律作为依据,这当然也包括对儿童心理的认识,这一运动主要在 19 世纪,裴斯泰洛齐(Johan Heinrich Pestalozzi,1746—1827,瑞士教育家)、赫尔巴特(Johann Friederich Herbart,1776—1841,德国心理学家和教育家)、福禄贝尔(Friderich Froebel,1782—1852,德国教育家)是这一运动的主将。他们从各自的教育实践中深刻地意识到科学的认识和研究儿童是教育的前提。

19 世纪向 20 世纪过渡中,随着科学的儿童心理学的建立以及它的方兴未艾,各国广泛开展的教育改革运动中"尊重儿童"的呼声愈益高涨,使儿童成为全人类共同瞩目的焦点之一。

爱伦·凯(E·Key,1847—1926,瑞典人)在 1899 年出版《儿童的世纪》一书,作出"20 世纪将是儿童的世纪"这一预言以后,世界各国都开始重视儿童的地位,注意保护儿童的权益,并在国家的纲领性文件和法律中有所体现,这对形成新的儿童观、发展观和教育观起到了积极的推动作用。例如:英国于 1918 年颁布了《费舍法案》,国会规定地方教育局要为 2～5 岁儿童设立保育学校,教育内容应以活动和艺术课为主,"以儿童为中心"使儿童的身心健康成长。德国在 1922 年颁布了《儿童福利法》,成立了儿童保护局,指导儿童的福利事业。此外,1924 年国际联盟通过了《日内瓦儿童权利宣言》,这是第一个主张儿童权利的国际文件,对 1959 年、1989 年联合国分别颁布的《儿童权利宣言》和《儿童权利公约》起到了奠基性的作用。

1948 年《世界人权宣言》颁布,随着人权意识的张扬和许多关心儿童问题的人士的不懈努力,国际社会保护儿童地位与权利的呼声日益高涨。1959 年 11 月 20 日,联合国大会通过了《儿童权利宣言》,第一次公开肯定了儿童与成人同样享有社会地位和权利保障:① 儿童有被尊重、热爱和理解的权利;② 儿童有得到足够营养和医疗保护的权利;③ 儿童有充分的娱乐和游戏的权利;④ 儿童有姓名和国籍的权利;⑤ 特殊儿童有受到特殊保护的权益;⑥ 在受灾期间,儿童有最先得到救济的权利;⑦ 儿童有成为一个有用的社会成员和发展个人能力的权利;⑧ 儿童有被培养成为充满仁爱精神的人的权利;⑨ 所有儿童都享有这些权利,而不受种族、肤色、性别、宗教、国籍和社会出身的限制;⑩ 所有儿童,无一例外,均同享受这些权利。这十大权利是儿童顺利发展的"护身符"。

1960 年,联合国教科文组织提出了"终身教育"的理论,提出要从小保障儿童接受教育的权利,并使之制度化。1961年,国际教育局与联合国教科文组织在瑞士召开了国际公共教育大会,讨论儿童的发展与教育问题。1977年,第20届欧洲各国教育部长常务会议指出:3～8岁是儿童发展的关键期,是儿童了解世界文化的积极阶段,也是儿童学习社会规范的主要时期,并能为其将来的发展奠定基础,所以,要重视儿童这些方面的发展,1979年被定为"国际儿童年",这是1976年第31届联合国大会作出的决定,目的在于鼓励所有的国家检查本国执行增进儿童福利的计划和法令情况;建立为儿童辩护的机构,促使人们认识到增进儿童的活动方案应成为经济发展、社会发展计划中一个不可或缺的组成部分。

20世纪80年代以后,儿童不再被看做是家庭和社会的附属成员,而被认为是权利主体,有巨大的潜能,有自己的见解,所有这些理应得到成人的尊重。儿童发展的优先权,在此期间开始成为国际社会的法律准则。1989年11月20日,第44届联合国大会一致通过了《儿童权利公约》,首次把国际社会保障儿童权利的主张和信念变成了各国政府的承诺,它要求"接受公约的国家在法律上要对其有关儿童的行动负责",保护儿童免遭忽视、虐待和剥削,肯定儿童拥有基本人权,包括生命、发展和充分参与社会、文化、教育生活以及他们个人成长与福利所必需的其他活动的权利。在保护儿童这个领域里,《儿童权利公约》是迄今为止历史上规范儿童保护内容最丰富、最全面、最为国际社会广泛认可的一项公约,它公开声明,每一名儿童都有特别的与生俱来的权利(见表5-1)。1992年4月,该公约对我国生效。联合国儿童权利委员会副主席汉姆伯格先生指出,各国在履行《儿童权利公约》时,必须遵循四个基本原则:① 儿童最佳利益的原则。不论什么事业,凡是涉及了儿童,都应儿童的利益为重。② 尊重儿童尊严的原则。在维护儿童生存发展权利的同时,还要重视提高儿童生活与发展的质量。③ 尊重儿童的观点与意见的原则,凡是有关儿童本人的事情,都要认真听取儿童的意见。④ 无歧视的原则。不论儿童来自哪一种社会文化,也不论儿童的家庭背景、出身、性别、发展如何,都必须得到平等的对待,而不应有任何歧视的现象。据此,荷兰政府通过保障儿童的参与权来树立正确的儿童发展观,实现对儿童权利、地位的真正尊重。匈牙利政府则强调要大力发展贫困、落后地区的学前教育,以确保处境不利儿童和残疾儿童也能享有接受教育的权利,获得发展的机会。巴西教育部长M.英海尔提出,"教育是国家最优先考虑的事业","儿童不仅是关注的焦点,而且是优先中的优先",国家制订了"全国全面关心儿童和青少年计划",以满足儿童的各种需要,促进儿童生动活泼地成长。

表 5 - 1 　《儿童权利公约》中儿童应享有的权利①

权利类别	权利的具体例子
民权与自由	1.出生就有的姓名权与国籍 2.思想、道德心与宗教的自由 3.隐私的保护 4.保护不受折磨或者其他丧失体面的对待或者惩罚 5.保护不受死刑以及终身监禁
家庭环境	1.在家庭中,对儿童的照顾与养育,父母有主要的受到国家帮助的职责 2.儿童不能被带离家庭,除非有清晰的显示,是为了儿童最大的利益 3.如果儿童被剥夺了家庭,抚养他的职责由国家承担
健康与福利保护	1.生命权 2.有最高的、可得到的健康标准的权利 3.为那些具有特殊需要的儿童提供特殊保育 4.充足的生活标准与权利
教育休闲与娱乐权	1.为所有儿童提供免费的义务教育 2.学校的纪律要尊重学生的尊严 3.学校教育方案要适应学生的社会性、身体以及心理的发展
特殊的保护措施	1.要确保没有 15 岁以下的儿童将会直接参加战争或者被招进武装力量中 2.法庭要特殊对待儿童,要考虑儿童的年龄,主要是让他们复原和进行引导,而不是惩罚 3.消除对剥削的恐惧

　　1990 年 9 月 30 日,联合国在纽约召开了世界儿童问题首脑会议,这是有史以来规模最大的一次国家和政府首脑的盛会,会议通过了《儿童生存、保护和发展世界宣言》和《执行九十年代儿童生存、保护和发展世界宣言行动计划》;承诺在 2000 年前努力结束当前存在的儿童死亡及儿童营养不良状况,为全世界所有儿童身心的正常发展提供基本保障,使儿童拥有更加美好的未来;提出一切为了儿童的道德观,要求遵循"儿童至上"的原则,保证社会资源首先用于儿童,使儿童成为人类所有成熟的第一个受益者以及人类所有失败的最后遭殃者;确认在儿童问题上的进步是一个国家发展的重要标志。1991 年,李鹏总理代理中国政府签署了上述两个文件;同年,全国人大常务委员会通过了《中华人民共和国未成年人保护法》;1992 年国务院颁发了《90 年代中国儿童发展规划纲要》(2001 年 5 月 22 日国务院颁布《中国儿童发展纲要(2001—2010)》),这是我国第一部以儿童为主体,促进儿童发

---

① 　刘金花.儿童发展心理学[M].上海:华东师范大学出版社,2013:17.

展的国家行动计划,确立了儿童发展的主要目标和相应措施,各级政府和有关部门坚持"儿童优先"原则,加强领导,强化责任,制定政策,采取措施认真实施,基本实现了《纲要》提出的主要目标,使我国儿童生存、保护和发展取得历史性的进步。

现在从历史中走来,未来由现在开始缔造。回顾千百年来儿童观、教育观的历史进程,不难看出,随着人类社会的进步、科技文化的发展,儿童的福利与权益日益受到世人的尊重与重视,人们对儿童的能力和教育的特点的认识逐渐深入,儿童观、教育观越来越趋于科学化和民主化。

但我们仍然面临诸多的问题与挑战,艾滋病、战争、虐待、生存条件欠佳以及失学已成为世界儿童所面临的五大威胁。在我国,据统计资料显示,目前中国 14 岁以下的儿童有 2.9 亿人,占总人口的 22.89％。而其中尚有一批儿童由于各种各样的原因,生活在特殊困难的环境中(如孤儿、残疾儿童、流浪儿、被遗弃的儿童、被虐待或被忽视的儿童、家庭破碎的儿童、行为偏差或情绪受困扰的儿童),这都需要社会伸出援助之手,通过专门的福利方式,给这些儿童提供特殊的帮助和支持。总的来说,儿童发展的整体水平仍然需要提高,儿童发展的环境需要进一步优化;地区之间、城乡之间儿童生存、保护和发展的条件、水平存在明显差异;贫困尚未消除,仍有数百万儿童生活在贫困中;随着流动人口数量的增加、城镇化水平的提高和农村人口的转移,这些人群中儿童的保健、教育、保护问题亟待解决;艾滋病病毒携带者和艾滋病患者中的儿童数量呈上升趋势,以及侵害儿童权益的违法犯罪行为等问题都有待解决。生命是平等的,命运却不是平等的。有的孩子在鲜花和掌声中来到这个世界,开始其幸运之旅,而有的人出生时就面临着饥饿和寒冷。他们都是国家的公民,让儿童健康快乐成长,是其家庭的责任,更是这个国家法定的责任。因此,改善儿童生存、保护和发展条件,促进儿童健康成长,仍然是今后一个时期的重要任务。

今天的儿童是 21 世纪的主要建设者,儿童的生存、保护和发展是人类未来发展的先决条件,儿童的健康成长关系到国家的前途和命运。由于落后的儿童观还没有彻底消亡,仍然有儿童正受着成人的歧视和虐待,仍然有儿童正受着粗劣教育的压迫与折磨。这是 20 世纪交给 21 世纪解决的问题,儿童研究将成为 21 世纪学术研究的重要课题之一。21 世纪仍然会是儿童的世纪,而且会是更为光辉灿烂的儿童的世纪。

二、儿童崇拜

中国传统的儿童观念是瞧不起儿童的,认为儿童是幼稚而无知的,对于这些孩子,民间流传着"三天不打,上房揭瓦",认为儿童是贱的,喜欢捣乱,不守秩序,必须要成人加以约束、强制、惩罚以使他改邪归正,这实际上是对儿童的误解。与此相对,由于子女是自己生命和权利得以不朽的一种手段,所以,国人对后代有一种感恩之情,视自己的子女为"小祖宗"。随着"儿童的世纪"的来临,儿童权益经历了不重视到重视进而进入崇拜阶段,这里所讨论的儿童崇拜,不是个人对自己生命周期中的起始阶段的追忆与崇拜,而是人类对儿童精神的价值的一种认识和崇拜,彰显了儿童精神现象的永恒魅力。[1]

在中国和世界,不少学者提出"向儿童学习"的主张。事实上,这一主张有其长久的历史。中国早在两千多年前,伟大的哲学家老子就曾指出,成熟的有智慧的精神状态是与儿童一致;一个到达人生智慧和真趣的极致,便是"复归于婴孩",有一颗真纯朴素的童心。相对传统的儿童观,儿童只能是乞求成人爱怜的宠物或附属,从这一方面来看,老子的话有些惊世骇俗。

然而,随着社会的前进,人们对儿童的精神世界的认识越来越丰富、深刻。

如明代的李贽曾提出有巨大影响的"童心说"。近代学者王国维在《人间诗话》中也推崇儿童,认为:"词人者,不失其赤子之心也。"

丰子恺在 20 世纪 20 年代有了自己的子女后,发现儿童具有一个令人推崇的精神世界,与近代西方的某些学者所谓"儿童是成人之父"的观念不谋而合。丰子恺推崇儿童的思想在近代的中国不是寂寞孤立的。郁达夫、郑振铎、叶圣陶、冰心等人也有相似的一些论点。这种论点在当代中国仍有余音续语。

当代作家贾平凹也很推崇儿童,对儿童的精神生活已有了一定的认识。在《我的老师》一文中,他甚至要拜儿童为师,认为成人应当在经世哲学、精神风貌等方面向儿童学习。在当代中国,不只是贾平凹一个人有一种拜儿童为师的思想。

从过去的轻视儿童,到现在的拜儿童为师,这种转变表明中国当代儿童观已迅速达到了一个相当高的水平。

在西方,儿童崇拜的观念同中国一样源远流长。耶稣说过最伟大的真理是:孩童嘴里出智慧。幼儿园的创始人、德国教育家福禄贝尔认为儿童具有神圣的本性,这种信念使福禄贝尔对童年所具有的无限价值充满敬意,他说:"孩子就是我的老师,他们纯洁天真、无所做作……我就像一个诚惶诚恐的学生一样向他们学习。"著名的诗人威廉华兹华斯(William wordsworth,1770—1850,英国湖畔诗人)、著名的人类学家泰勒(Eolwarcl Burnett Tylor,1832—1917,英国人)、著名的心理学

---

① 刘晓东.儿童教育新论[M].南京:江苏教育出版社,2008:46.

演论者霍尔(Granville Stanley Hall,1846—1924)都不约而同地提出这样的见解：
"儿童是成人之父。"例如,霍尔认为,"没有什么东西像发展中的儿童身心那样值得
爱,值得尊崇,值得服务"；蒙台梭利(1870—1952,意大利儿童教育家)则进一步指
出,"儿童是成人之父,而且是现代人的教师"。这是一种诗意的隐喻的表述,认为
儿童是有价值的群体,儿童的发展是血肉相连的历代祖先发展的一个缩影；对其未
来的生活有着不可忽视的影响,儿童期是人生发展的最重要时期,成人应为儿童创
造条件,使儿童的童年充满欢乐。

　　随着 19 世纪末兴起的儿童研究运动的不断高涨,人们对儿童的精神世界的了
解不断加深,在艺术、文学、哲学领域也出现了一批推崇儿童的人物。在绘画领域
有儿童崇拜倾向的人远不止克利和康定斯基,毕加索就曾说过,每个儿童都是艺术
家。高更、马蒂斯、米罗、杜布菲等著名艺术家甚至包括毕加索本人在内,也像克利
那样从儿童的艺术中获得灵感。在文学界,印度诗人泰戈尔(1861—1941)对儿童
的精神世界也相当推崇,他把儿童当做生活的启示者。儿童无意中向人们启示着
生命的真谛,他们隐喻地向人们诉说着生存的意义。在哲学界,有的哲学家已认识
到,哲学不是成人的专利,儿童也有自己的哲学。皮亚杰、雅斯贝尔斯、马修斯等人
关于儿童哲学的思想对于成人认识儿童精神世界的本体价值具有重大的意义。

　　可以说西方近代以来有关儿童崇拜人物和思想在哲学、文学、艺术、教育等领
域已不属罕见。

　　以上介绍的中外儿童崇拜的有关思想中,可以看到成人社会从儿童生活里得
到滋养,从儿童文化中得到"反哺"。儿童崇拜的思想将使儿童空前凸显在历史与
人群之中,他们将获得前所未有的地位和尊严。

第二节　教育与儿童权利保护

教育是儿童权利保护这一社会系统中的重要的,也是最基本的环节。教育作为社会的组成部分,是儿童作为人生存与发展的最重要的环境与条件之一,不仅可以使儿童对于社会的潜在价值(例如作为未来的劳动力)得以实现,而且本身也是儿童权利保障与实现的基本途径和过程。教育应当使儿童感到幸福。

一、我国传统儿童观及其影响

我国传统的儿童观以封建礼教法制为基础,割裂了儿童的价值和权利。这种儿童观从"国"与"家"的利益出发来认识儿童的价值,把儿童看做未来的劳动力和兵源、家族继承和繁衍的工具、国与家的财富。但是并没有确认和保障儿童作为独立的个体在社会中应当享有的权益,儿童被看做家庭和家族的隶属物,家长可以任意处置他们,儿童缺乏独立自主的人格,所有的只是对家长的人身依附关系。这种传统的儿童观深深地积淀在我国民众的意识之中,至今影响着人们对待儿童的态度与教养方式。在日益走上小康生活的今天,成人往往为了满足自己的意愿而强迫儿童接受教育,想当然地安排儿童学习的内容、方式和进程。超前教育、过度教育、过度保护、随意侵害儿童的权益的现象极为常见,乃至形成一种社会潮流。

现在大家对"儿童潜能开发"问题很感兴趣,许多人认为孩子有巨大的潜能,像一个深不可测的井口。怎样开发? 那就是向儿童填输许多东西——这等于是向井里拼命填东西。填到最后,井里再也没水了,孩子的心灵也就失去创造力了,这才知道作罢。这就是误区。据旅美人士罗竞博士报告,她有一个 5 岁外甥,回国后她偶尔翻开外甥的课本,读到这样一道数学题:"哥哥的存款是弟弟的 9 倍,姐姐的存款是弟弟的 6 倍,弟弟有 8 元,请问哥哥姐姐各有多少元?"她拿这道题请教了同行的一位美国数学教授,他认为这至少是小学三年级的水平。当他得知该题出自《学前儿童入学先修》时,惊讶得差一点从椅子上摔下来。实际上,这位 5 岁儿童还有其他技能,如珠算和心算多位数加减法、三级钢琴水平。这位数学教授惊叹之余,对这位儿童的身心健康深表忧虑。[①] 许多家长认为在竞争激烈的社会背景下,都

---

① 刘晓东.解放儿童[M].北京:新华出版社,2002:15.

表示绝不能让孩子输在起跑线上，早期教育一再神化，这实际是一种误导。事实上，在这种急躁的拔苗助长心态里，儿童的天性摧折了，发展的基础断裂。被拔过苗的儿童其结局便是像被宋人拔苗助长过的庄稼那样逐渐枯萎。教育应当尊重发展，这是保证儿童愉快学习的一个先决条件，教育应学会等待。

1993 年 11 月 25 日，《中国教育报》刊载的《夏令营的较量》一文让国人震惊，特别是在教育界引起了强烈的反响。中国孩子在精神和体力、观念和技能等方面所表现出来的生存能力不如日本的孩子，这让家长和教师们都大吃一惊。这些问题的产生虽说也有其他方面的不足所致，但同时更不得不承认这也是我国儿童教育工作的一大败笔。

在中国，父母对子女的爱是很深厚的，从古时历来就有"慈幼"的主张。随着经济生活的不断富裕，独生子女群体的出现，绝对安全、绝对快乐、绝对幸福的童年生活成了家长和学校同心追求的目标。在家庭里儿童一切生活起居家长包办，各种昂贵的饮品、食品、营养品，代替了青菜、萝卜、豆腐和一般的肉类；各种皮鞋、西装、公主裙，代替了便于生活和运动的简捷服装；晚上不睡觉看电视、打游戏机，早上不起床；外出不肯走路、上下楼梯也要大人抱；一点小病马上就要上医院打针吃药；一点要求不满足马上就要大哭大闹；等等。父母、祖父母、外祖父母围着"一根独苗"转，娇惯放纵，任其所为，这便是社会上的"四二一综合症"，在社会上并不鲜见。从幼儿园起，粗糙的水泥制、木制、铁制的国产大型玩具，换成了光滑的彩塑进口玩具；沙土、泥土、水泥、草皮的地面换成了塑胶、人造草皮、地毯；花坛、走道、廊柱、墙拐角等有尖锐边缘的地方都将其磨圆，包上人造革或海绵……真正对学前儿童生理和心理有压力的体育锻炼越来越少，取而代之的是各种轻松、愉快、自由的游戏；真正的打扫卫生，种、养殖活动，采集野菜，收集枯树枝叶等活动越来越少，取而代之的是由工人或教师布置好各种园地、角落，以供学前儿童参观、欣赏；远足、参观由汽车代步；活动室、寝室有空调机保持恒温；等等。试问，在这样的关怀呵护下成长起来的儿童，怎么会在与人较量、与自然较量的过程中不吃败仗？

除此之外，校园问题日益突出，小到讽刺挖苦、辱骂体罚，大到由于安全制度的缺失，让儿童裸露在恐怖中。2004 年 8 月 6 日，北京大学第一医院幼儿园血案震惊全国。而 2004 年 2 月河北辛集就发生过幼儿园凶杀案，2003 年 3 月广西北海一幼儿园有人行凶，2001 年 3 月江西万载县发生过小学特大爆炸案。幼儿、中小学生因校园设施事故伤亡、在火灾中丧生、集体食物中毒等事件，也频频见诸报端。我国少年儿童人数近 4 亿，比美国、俄罗斯、日本等国的全国人口还要多。这些祖国的花朵和未来的希望，怎样才能不再过早地凋零和枯萎？

现在我们虽然有了较系统的关于儿童权益的法律制度,但是仍然缺乏与之相适应的普遍的民众意识作为其社会心理基础。这正是儿童权利保护工作中有法不依、有法难依现象大量存在的根源之一。有法不依不只是法制观念淡薄的问题,也有传统文化和观念的影响,今天我们在依法做好儿童权益的保护工作的过程中,必须注意传统文化中这种儿童观的消极影响。

二、在儿童权利保护中儿童的主体、客体问题

在儿童权利保护工作中,我们需要反思的一个问题是,儿童是主体还是客体?从传统到现实,人们往往更多地把儿童当做弱小的被动保护对象,而较少地把他们当做积极主动的权利主体来对待。从这样一种儿童观出发,成人往往是把自己的意志和价值标准强加给儿童,而较少考虑儿童自己的需要与愿望。这种出于好意的"保护"结果往往造成对儿童的伤害。比如,夏斐母亲对于夏斐造成的无法挽回的伤害,正是出于"我是为了你好"的善意动机。

把儿童看做积极主动的权利主体,是现代儿童权利保护的基点。虽然由于儿童在生理与心理上弱小与不成熟,儿童需要成人的保护,但是,保护不等于放弃对他们的尊重。恰恰相反,保护的前提是尊重,缺乏尊重的保护可能会变成对儿童权利的剥夺。北京师范大学教育系副主任郑新蓉,多年来致力于我国教育管理与法律的研究工作,谈起这方面的话题,感触颇多。一个教师的最重要的品质是什么呢?郑新蓉在与教师的大量接触中了解到,我们的老师绝对有许多人想不到去选择"尊重"这一条而是会选择"热爱"。热爱是一种情感的东西,而在法定的意义上说教师是必须要尊重学生的人格的。再一点就是学校的校长或教师们之间,在对一个教师是否称职的认定上,往往只考虑他教书是不是合格,而很少从他是不是懂得尊重学生,对学生有没有侵权行为这方面加以考虑。只有在尊重的前提下,才能真正实现保护。保护与尊重是相辅相成的。保护的根本目的是为了不保护,是为了培养独立成熟的权利主体。独立成熟的权利主体的成长,既需要保护,更需要尊重,只有在尊重的环境中体验到尊重,才能学会尊重与自尊。家庭、学校和社会都要为独立成熟的权利主体的成长制造条件、提供机会。

三、教育与儿童权利保护

教育保障儿童权利的实现,一方面可以通过教育立法来满足与保障每个儿童学习与发展的机会与权利;另一方面通过对教师的教育行为的规范(例如平等的师生关系和同伴关系)来保障儿童权利在教育过程中的实现。这正是现代教育在社

会职能与社会价值上区别于古代教育的职能与价值之所在。以义务教育的发展为例，如果说在义务教育的初兴阶段还主要考虑的是社会的利益（生产力发展的需要），那么，义务教育发展到今天，已更多的是考虑满足与保障每个儿童学习与发展的权利了。

尊重与保障儿童权利的实现是教育的基本职能之一，也是教育的一种最基本的社会价值。教育的对象是人，教育的所有其他价值都是在实现人的价值的基础上派生出来的。长期以来，我们只讲教育是阶级斗争、生产斗争的工具，只讲教育对社会的政治、经济发展的价值与职能，而不讲教育尊重与保障儿童权利实现的价值与职能。从理论上讲，这是一种片面的教育价值观与职能观。从实践上看，也导致了多年来忽视教育立法、规范教师行为和保障儿童权利的作用的倾向。以至于直到今日，在教育领域里，有法不依，损害儿童权益的现象仍普遍存在，而且尚未引起人们足够的重视，当前教育领域中的种种弊端，仅仅用"教育思想或观念不正确"或"师德差"来揭示和批评是不够的，有的已是明显的侵犯儿童权益的违法行为了。

因此，在今日中国教育改革与教育现代化过程中，必须提高广大教师对儿童权利的认识，增强儿童权利保护的教育职能意识。师生之间，不仅仅是"教育者"与"被教育者"的关系，从儿童权益的角度来看，首先是平等的人与人之间的关系，同时也是儿童权益"保护者"与"被保护者"的关系。

对儿童权利的尊重与保护和对儿童的教育要求是不矛盾的。尊重与保护是对儿童合法权益（包括受教育的权益）而言。在具体的教育实践中，不能把对儿童权利的尊重与保护和对儿童的教育要求这本不是同一个范畴中的概念混淆起来，尊重不是迁就，保护不是溺爱，没有适当的增长率要求的过度保护实质是对儿童发展权利的剥夺。

教育过程也是独立成熟的权利主体的培养过程。在这个过程中，要把"儿童权利"这个概念与我国注重个人责任与义务的传统文化有机地结合起来，帮助儿童正确认识、理解权利与义务的辩证统一关系。

学生作为受教育者在《教育法》上享有的权利有[①]：① 参加教育教学计划安排的各种活动，使用教育教学设施、设备、图书资料；② 按照国家有关规定获奖学金、贷学金、助学金；③ 在学业成绩和品行上获得公正评价，完成规定的学业后获相应的学业证书、学位证书；④ 对学校给予的处分不服向有关部门提出申诉，对学校、教师侵犯其人身权、财产权等合法权益提出申诉或者依法提起诉讼；⑤ 法律、法规

---

① 劳凯声.教育学［M］.天津：南开大学出版社，2002：403.

规定的其他权利。

同时,根据《教育法》第四十三条规定,学生还应当履行下列义务:① 遵守法律、法规;② 遵守学生行为规范,尊敬师长,养成良好的思想品德和行为习惯;③ 努力学习,完成规定的学习任务;④ 遵守所在学校或者其他教育机构的管理制度。

除此之外,要进一步加强儿童的自我保护教育,当前很多学校强调,自己对学生更多的是承担教育职责,而不是保护职责,这是一个误区。北大医院幼儿园凶杀案发生后,有学者提出,应该让孩子及早掌握关键时刻的求生技巧。这一次,即使年幼的孩子只懂得跑,边跑边喊,他们受到的伤害也可能要小一些。学校对少儿进行自护教育在许多国家是非常普及的,从小学到中学都有相关课程,教育内容丰富而实用。比如,日本有一项训练课叫"人工心肺复苏",帮助模型娃娃进行心肺复苏,要求所有中小学生必须过关。另外,日本是一个多灾国家,防地震、防火或防原子弹的演习,差不多每月就有一次。在美国,学校里也有专门的课程教给孩子遇到地震、洪水、歹徒、诈骗者的应急措施,而且十分具体。还有的学校讲授空手道,甚至中国武术课以备防身。英国一些校园安全组织针对年龄较大的学生成立了专门的防身培训班和防强奸研究中心。而在我们的保健体育课上,却很少有这些实用的训练,以至于发生意外时,学生往往手足无措,连简单的包扎伤口都不会,也有不少因不懂简单常识而酿成大错的。这种自我保护应涉及儿童所有生活中。只有这样,才能培养真正成熟的权利主体,才能真正有益于民族素质的提高。

最后,应当指出儿童保护不仅仅依靠学校教育的力量,家庭、社会、政府都要承担起义务。学校、家庭、社会应建立联动机制,共同捍卫儿童的权益。

📝 阅读资料

钱江晚报/2000 年 10 月 26 日

发生在教室里的悲剧

云南玉溪市北城镇夏井小学发生了一起罕见的教师体罚学生并强迫学生吞吃苍蝇的恶性事件,就是侵犯儿童权益的典型事例。事件发生在 2000 年 10 月 17 日上午,18 岁的夏井小学四年级一班数学教师潘光礼因听班上学生向他反映,说该班学生何卫经常在上学途中逗留、玩耍,潘便把何卫找来对其罚跑,要求何卫用 4 分钟时间从学校跑回家再跑回学校。由于年仅 10 岁的何卫没能在短短的 4 分钟内返校,潘光礼竟在上课时间当即对其施行体罚。令该班学生将何卫按在课桌上,用抹布捂住嘴,再由潘光礼先做示范,用教棍殴打其屁股,然后让其他学生依次效仿殴打何卫,事后潘警告学生:谁也不许将此事告诉家长,否则加倍处罚。10 月 20 日,一学生又向他反映何卫 17 日被打后骂他"潘狗"。潘光礼当即大怒,马上质问何卫。已吃过苦头的何卫在否认骂过老师的同时吓得跪在潘的面前不停地求饶,但潘仍不罢休。据班上的同学称,潘当时对何卫提出了 4 个惩罚条件让其选择,第一是让每个学生依次打 1000 棍子;第二是老师亲自动手打 100 棍;第三是吃下 1000 只活苍蝇;第四是吃树上的绿虫。何卫怕老师又下重手,表示愿让同学打,潘便令一名女生先动手"施刑",叫几名男生按住何卫四肢,自己在旁边监督。该女生迫于无奈,边打边哭,一共打了何卫 200 余棍。何卫当即被打得皮开肉绽,由于受不了如此体罚,他又只得哀求选择吃苍蝇。潘光礼听后,当即就叫几个男生到外面捉来了 10 只苍蝇,强迫何卫生吞下去。慑于潘的"威严",何卫一边哭泣一边抓起 7 只苍蝇放进嘴里,吞下了 3 只后,由于恶心引起了呕吐,剩下的 4 只也被吐了出来。潘光礼认为分量不足,又让何卫吃下吐出来的 4 只苍蝇,后在何卫的苦苦哀求下才作罢。当天小何卫回家后一直呕吐不止,并从第二天起开始拉肚子,同时因臀部受伤太重无法行走,被送往医院治疗。至今,小何卫臀部红肿还未消除,天天晚上梦中都还在不停梦呓:老师,饶了找吧,求求你饶了我……目前,学校已就此事与学生家长初步达成如下处理意见:首先,由潘光礼向小何卫及其家长赔礼道歉;其次,承担小何卫住院期间的一切医疗费用;其三对潘光礼给予行政处分;其四,将此事件作为反面教材教育全校教师,从而杜绝类似事件再次发生。

分析:

潘老师的所作所为,仅仅用"教育思想或观念不正确"或"师德差"来揭示和批评是不够的,他的行为明显侵犯了儿童权益,是一种违法行为。首先,他侵犯了小何的人身权。其处罚方法中,要同学打及教师打何卫,要何卫吞吃苍蝇等做法,都是对小何人身安全的侵犯。其次,他侵犯了小何参加教育教学计划安排的各种活动的权利。该教师要求何卫用 4 分钟时间从学校跑回家再跑回学校,中断了何卫正常参加学校教育教学活动的权利。潘老师的行为是一个较为典型的例子,但是,在儿童教育中,打着为学生好的幌子,严重侵犯儿童权益的事例还是屡见不鲜的。教师侵权行为给学生造成的身心伤害是十分严重的。因此,在今日中国教育改革与教育现代化过程中,必须提高广大教师对儿童权利的认识,增强儿童权利保护的教育职能意识。师生之间,不仅仅是"教育者"与"被教育者"的关系,从儿童权益的角度来看,首先是平等的人与人之间的关系,同时也是儿童权益"保护者"与"被保护者"的关系。教师自己不能侵犯儿童权益,这样才能真正尽到儿童权益保护者的职责。

思考题

1. 结合从事教育工作或接受教育的实际，谈一谈你对"儿童"的理解。

2. 在儿童权利保护中，儿童是主体还是客体？

3. 你对教育与儿童权利保护持何种认识？

4. 请关注儿童生存现状，了解可能存在的问题，应如何应对？

第六章 儿童道德教育

⤴ 教育的秘诀是尊重学生

　　著名特级教师于永正初为人师时曾有过这样的一段经历[①]：

　　一天，我放在讲桌上的备课本竟然被人撕烂了两张，我火冒三丈。知情人立刻"揭发"出撕本子的人。我一看那个学生，心里"咯噔"一下，愣了。我思忖良久，对全班同学说："我先向大家做个检讨。昨天，因这位同学写字潦草，我一气之下，将他的本子撕为两半。我不该这样做，我撕了他一个本子，而他只撕了我两张纸，说明他还是给老师面子的，他比我好。"教室里静静的，几十双眼睛一眨不眨地望着我，第二天早上，在我的办公桌上端端正正地放着一个和我的备课本差不多大的新本子。

　　于老师的粗暴行为招来了学生的对立和反抗，学生以暴对暴，师生关系一度紧张。可贵的是于老师及时意识到了自己行为的严重失误，并坦率地在全班同学面前承认了自己的失误。他以自己的行动重新赢得了学生的信任和尊重。美国教育家爱默生说过，教育的秘诀是尊重学生。尊重学生，首先要建立和谐、民主、平等的师生关系，尊重学生人格、尊重学生感情，保护学生的自尊心。对学生的批评或处罚，一定要尊重事实，方法得当，绝不能简单粗暴。撕学生的本子等粗暴做法，使学生的自尊受到了严重伤害，对学生的身心健康成长是十分不利的。小学生也是有人格、有自尊的，不能因其年龄小或因自己在气头上难以自控就忽略了这一点。特别是当老师因种种原因，造成过失的时候，要敢于面对事实，放下面子，和学生坦诚相见，该认错的坚决认错。在儿童道德教育中，尊重学生尤为重要。

---

① 许新海.让儿童的道德生命自由生长[M].南京：江苏教育出版社,2001：27.

我国 18 岁以下的未成年人是党和国家的希望,是中华民族的希望。要使广大未成年人成长为中国特色社会主义事业的合格建设者和可靠接班人,不仅要大力提高他们的科学文化素质,而且更要大力提高他们的思想道德素质,使他们从小就形成良好的精神和品德,成为祖国现代化事业发展的强大后备军。掌握儿童品德的心理结构及其发展、了解中外儿童道德教育的模式、重视网络环境下儿童的道德教育问题、关注我国小学德育课程的改革,对于提高儿童道德教育的科学性和有效性是十分有益的。

第一节　儿童品德的心理结构及其发展

道德是指一定社会或阶级用来调节个人与个人之间或个人与集体之间关系的思想政治准则及行为规范的总和,是人类所特有的社会现象。品德是指个人身上表现出来的那些符合一定社会思想观念、政治准则、行为规范等的稳固特性和倾向。儿童道德教育就是把社会道德转化为儿童品德的社会活动,它致力于对儿童品德及人格素质的培养。

一、儿童品德的心理结构

品德的心理结构是指品德这种个体心理现象的组成成分,一般认为由知、情、意、行四要素组成。任何一种品德,都是在知、情、意、行诸要素的相互作用、相互影响、相互促进过程中形成和发展的。

知,即道德认识,指人们对社会道德规范及思想政治准则的理解,以及在此基础上所形成的思想政治观点和道德观念,如人们的是非观、美丑观、善恶观等。情,即道德情感,指人们根据一定道德规范或思想政治准则评价他人和自己行动时所产生的情绪体验,如喜怒、哀乐、爱憎等。意,即道德意志,指人们在履行道德义务过程中所表现出来的意志品质,如克服困难和障碍的自觉性、自制力,采取行动的果断性、坚持性等。行,即道德行为,指人们按社会道德要求在道德情景中采取的行动。

道德认识是形成道德情感、道德意志、道德行为的基础,只有对一定社会的思想政治准则、道德规范有了全面、正确、深刻的认识,才能产生把道德认识付诸实际行动的强烈冲动,才能在实际行动中表现出坚强的意志品质,并使人们的行为有正确的方向。道德情感是把一定的道德认识转化为道德意志和道德行为的动力。有了道德认识，并不必然产生相应的道德意志、导致相应的道德行为，中间需要有道德情感作为催化剂。那种缺乏健康的道德情感、缺乏积极行为动机和态度的人，不管他对道德规范有怎样的认识，是不可能产生相应的道德意志和道德行为的。道德意志是把一定的道德认识和情感转变为道德行为的精神力量。它在促使人们思想品德动机上的斗争和将道德认识付诸实际行动时具有特殊的作用，是人们能否达到一定思想品德水平的重要条件。道德意志坚强的人，在履行道德义务时，往往能经受住各种考验，按社会道德要求自觉践行。而道德意志薄弱的人，在遇到困难或障碍时则容易动摇不定，甚至背弃自己的道德观念。总之，没有良好的道德意志这种精神力量的支持，道德认识就不容易转化为良好的道德行为，因此更谈不上良好的道德习惯的形成。道德行为是人们在一定的道德认识、道德情感和道德意志支配下的行动，是思想品德的外在表现。个体的品德只有通过道德行为才能显示出对他人、对社会的意义。因此，道德行为是儿童品德形成与否的关键，也是衡量他们品德水平高低的主要标志。因此，"导行"在儿童道德教育中显得十分重要。

二、儿童品德的形成与发展

1. 儿童道德认识的形成

道德认识不是与生俱来的，人们关于是非、好坏和善恶的道德观念，最初往往是在同别人交往中产生的。例如，当儿童在家庭生活中把吃剩的饼干随便丢着玩、撕坏爸爸的书、捣乱妈妈做家务，父母会斥责他们，指出这是不对的，今后不许再这样；当儿童在分吃苹果时把又红又大的送给奶奶、给生病的妈妈倒水喝、洗自己的小手绢时，家里人赞扬他们，说他们是个好孩子，以后还应该这样做。正是在这种日常生活中，儿童逐步地将一定的行为同表扬、赞许、认可或惩罚、斥责、不再受钟爱之间联系起来，懂得了行为的好坏、是非，产生了初步的道德观念。

随着年龄的不断增长，儿童开始逐步走出家庭，步入社会，以前他们交往的主要是家庭成员，现在则是众多的同学、老师以及社会上许多领域的人，广泛的交往促使儿童必须不断地学习新的更为复杂的行为，否则就会使自己同周围人的关系发生不应有的矛盾。当儿童不能按要求去支配自己的行为时，周围的人就将采取各种方式帮助他改正自己的缺点，否则大家怎么能在一起共同学习和生活呢？这个不断学习的过程，也就是不断积累道德经验的过程。最初获得的道德观念是具体的、特殊的，虽然它们还很肤浅，但却是形成道德观念的生活基础。抽象的一般的道德观念，正是在这个基础上不断丰富和发展的。

活动和交往是儿童道德认识形成与发展的重要的外部条件,儿童认知水平的发展是儿童道德认识形成与发展的重要的内部条件。儿童在生活、学习活动中形成的道德认识,还要让他们真正理解,概括抽象为一般的道德观念,才能在更宽广的情景中应用。儿童对道德认识的理解是运用已有的知识和经验的智力活动。随着年龄的不断增长以及知识经验的进一步积累,才能逐渐地认识到履行一定道德的社会意义。儿童能从一定的道德原则和社会面临的共同任务出发,主动地创造性地调节支配自己的行动,则要到认识发展的高级阶段才能达到。从实际情况来看,并不是所有的人都能发展到这个阶段的。研究表明,小学五、六年级(12 岁左右)是理解道德意义的显著发展时期。我们必须从儿童理解道德意义的特点出发,积极组织开展儿童的活动与交往,提高儿童的认知水平,引导他们的道德认识逐步向更高的水平发展。

2. 儿童道德情感的体验

道德情感的体验指的是,一个人根据社会制定的道德标准,去处理相互关系和评价自己或他人行为时所体验到的情感。我们对自己所做的事,有时感到"心安理得、无限欣慰",有时又感到"自责悔恨、惭愧不安",对别人的行为也时而感到"钦佩赞赏",时而感到"厌恶愤慨",所有这些都是道德情感体验的具体表现。

道德情感同其他情感一样,是人对客观世界的一种特殊反映形式,是人对客观事物是否符合自己的道德需要而产生的内心体验。人的道德需要形成和发展起来以后,在共同的社会活动中无论自己的行为还是其他人的行为都可能引起种种不同的道德情感体验。这种体验概括起来有两种:当人们的行为同个人的道德需要完全一致时,就产生肯定性的情感体验,如肯定、满意、赞赏、敬佩、高兴等;否则便产生否定性的情感体验。所以,儿童道德情感的体验实质上是由道德需要引起的,我们要培养儿童的道德情感就必须围绕他们的道德需要展开积极的道德教育工作。道德需要与原初性的需要不同,它是在人的后天生活中通过认知活动形成的。道德需要实际上是人在社会实践中通过形成一定的道德观念产生的。道德情感是道德意识的一种具体表现,它和其他情感一样,不仅是现实的反映,而且也表现了人对现实的态度。

道德情感内容极其丰富,包括义务感、责任感、羞耻感、自尊感、荣誉感、友谊感、同情感、正义感、集体荣誉感、爱国主义和国际主义情感等。

道德情感的表现形式主要有直觉的道德情感体验、与具体道德形象相联系的情感体验、与道德信念相联系的情感体验三种。直觉的道德情感体验是对某种情境的感知引起的、自觉性较低的、具有道德行为定向作用的情感体验。所以,在学校和家庭中组织健康的道德舆论,并帮助儿童逐步形成对待舆论的正确态度是十分重要的。与具体道德形象相联系的情感体验是一种看见或想起某种有道德意义的行为时激起的较自觉的情感体验。因此,利用道德行为的榜样力量培养儿童的道德情感是一种有效的直观形式。与道德信念相联系的情感体验是一种对道德要求及其意义有深刻认识的自觉的理性的高级情感体验。所以我们在培养儿童道德情感时,要结合开展有针对性的思想政治教育和道德品质教育以树立远大志向,使之逐步形成道德信念,把他们的道德情感提高到更高水平。

3. 儿童道德意志的培养

道德意志是一个人战胜利己的道德动机和坚持排除内外障碍以努力实现社会道德要求的心理过程。在道德意志中,道德动机起着重要作用。如果我们没有强烈的愿望和意向,也就不会有克服困难去达到某种目的的意志行为。没有学习意愿的人就不会去努力学习。但是,道德动机有利己或符合小团体利益的,也有利他或符合社会意义的。因此,人在采取某种意志行为的过程中,还要运用已有的道德认识,通过思考,选择对社会更有意义、更有价值的道德动机。在意志行动的执行阶段,人们还会碰到种种困难,还会出现动摇,这就要求人们不断调节自己的行为,采取积极有效的方法去完成为动机所激发的行为。例如,当一位小学生做数学作业感到枯燥而显得疲劳时,可以把作业分成几个小的部分,每个部分都有一个比较近的、局部的目标,这样就能帮助其完成整个任务。意志行为的完成,不仅会巩固和发展道德动机,而且还会提高人们的意志力。当儿童克服困难,独立完成数学作业以后,不仅有助于激发其学习数学的动机,而且对于克服困难、完成作业的意志力的提高也是大有益处的。

培养儿童的道德意志可从以下几方面入手:首先,要激发儿童的道德动机。通过学习英雄模范人物的事迹,讲述或讨论进行道德意志锻炼的必要性,使儿童产生锻炼道德意志的愿望。其次,要增强克服困难的勇气。可以充分利用平时经常遇到的实际问题或有意创设一些困难情境,提供克服困难的条件。在进行过程中,给以鼓励和赞扬,引导儿童增强克服困难的信心和力量,使其产生愉快的情感体验。最后,要针对不同的意志类型,采取不同的培养措施。对软弱易受暗示的儿童,应培养他们意志的目的性和原则性;对于犹豫不决的学生,要培养其大胆果断的意志品质;对冒失轻率者,应培养其沉着耐心、勤动脑、多思考的意志品质;对缺乏自制者,应着重提高其控制能力。

4. 儿童道德行为的发展

人的任何行为都是在客观环境的影响下产生的内在生理和心理变化的外在反

应。人的道德行为也是在人与道德情景的相互作用中进行的。儿童道德行为的发展是有阶段的,美国心理学家 J. M. 索里和 C. W. 特尔福德从行为的道德控制方面将道德行为划分为以下三个水平五个步骤：① 生物水平：第一步就是进行物质赏罚。这是儿童道德控制发展的开始,处于这种水平的儿童的原始动机与控制都是以直接感受到的快乐或痛苦为依据的。第二步是对物质赏罚的预测。动作是满足机体需要或避开某种刺激物的手段,如果某种动作使儿童得到满意的成果,那么便会被强化和保持下来,否则就被逐渐排除。儿童在取得这些经验之后,就会用来预测并控制自己的行为。② 社会水平：控制发展水平的第三步是借助于行为的理想实现的,是采取社会的赏罚。社会的赏罚是由于受到物质的赏罚时,有别人在场,别人当时发出的言语、作出的手势以及面部表情和姿势等成了后来行为控制中代替物质赏罚而起作用的因素。第四步则是按社会赏罚的预测而采取行动。③ 观念水平：这是最高控制水平的第五步,是按照已被内化并结合成为自我的抽象的行为观念而行动。

道德行为的训练包括道德行为方式的掌握和道德行为习惯的养成。道德行为方式是道德动机的外部表现。它是通过训练或实践掌握行动技能而形成的。要让儿童熟知学校及家庭中最基本的行为要求,知道怎样去做和为什么要这样做,要通过分析典型人物的行动,使他们理解典型人物行动的合理性,帮助儿童分析和总结道德行为成功的经验和失败的教训。在指导儿童掌握道德行为方式时,要把道德行为方式与道德动机统一起来。采取这些措施的目的是提高儿童的道德认识水平,形成他们独立主动地选择道德行为方式的能力。道德行为习惯的养成,可以把人的即时性的道德行为转化为经常性的道德行为。如果道德行为受到阻挠,往往会引起不愉快的体验。所以,道德行为习惯的养成,是道德行为转化为良好道德品质的关键。儿童的道德行为习惯的养成可以通过创设良好的情境、树立良好的榜样、让学生进行有意训练、与坏习惯作斗争等方式来进行。

第二节 儿童道德教育模式

道德教育模式实际上是在道德教育实施过程中的道德与道德教育理论、道德内容、道德教育手段、道德教育方法、道德教育途径等的某种组合方式。

一、当代西方道德教育模式

当代西方具有影响的道德教育模式有认知性道德发展模式、体谅模式、社会学习模式等。它们在提高学生道德认识、陶冶学生道德情操、培养学生道德行为习惯上各具特色和贡献。大体上可以说,认知性道德发展模式重知、体谅模式重情、社会学习模式重行。

1. 认知性道德发展模式

认知性道德发展模式系由瑞士学者皮亚杰和美国学者柯尔伯格等人创建。前者的贡献主要体现在理论建设上,而后者的贡献还体现在从实践上提出了一种可以操作的道德教育模式。该模式假定人的道德判断力按照三种水平和六个阶段从低到高不断发展(见表 6-1),道德教育的目的就在于促进儿童道德判断力的发展及其与行为的一致性。要求根据儿童已有的发展水平确定教育内容,运用冲突的交往或围绕道德两难问题的小组讨论等方式,创造机会让学生接触和思考高于他们一个阶段的道德理由和道德推理方式,造成学生认知失衡,引导学生在寻求新的认知平衡之中不断地提高自己的道德判断的发展水平。

道德两难(moral dilemma),指的是同时涉及两种道德规范且两者不可兼顾的情境或问题。著名的道德两难问题是"海因兹偷药":欧洲有个妇女身患一种特殊的癌症,生命垂危。医生认为,有一种药也许救得了她。这种药是本城一名药剂师最近发现的一种镭剂。该药造价昂贵,药剂师还以 10 倍于成本的价格出售。他花 200 美元买镭,而一小剂药却索价 2000 美元。这位身患绝症的妇女的丈夫名叫海因兹,他向每个相识的人借钱,但他只能筹到大约 1000 美元,只是药价的一半。海因兹告诉药剂师他的妻子快要死了,并且请求药剂师便宜一点把药卖给他,或者允许他以后再付钱。可是,这位药剂师说:"不行,我发明这种药,我要靠它来赚钱。"海因兹绝望了,想闯进那个药店,为妻子偷药。海因兹该不该偷药?为什么该偷或不该偷?对此,儿童只有两种可能的回答——要么说"该偷",要么说"不该偷"。显然，根据"该偷"或"不该偷"的回答，并不能把儿童的道德判断水平区分开来。体现儿童道德判断发展水平的是他们说明"该偷"或"不该偷"的理由以及这种辩护中隐含的道德推理方式，从儿童的道德判断形式反映了他们的道德判断水平。

表6-1　道德判断发展的阶段

水平	阶段	道德推理的特点	关于"海因兹两难"的道德推理	
			"不该偷"的理由	"该偷"的理由
前习俗水平	1	以惩罚与服从为定向	偷东西会被警察抓起来，受到惩罚。	他事先请求过，又不是偷大东西，他不会受重罚。
	2	以工具主体的相对主义为定向	要是妻子一直对他不好，海因兹就没有必要自寻烦恼，冒险偷药。	要是妻子一向对他好，海因兹就该关心妻子，为救他的命去偷药。
习俗水平	3	以人与人之间和谐一致或"好男孩、好女孩"为定向	做贼会使自己的家庭名声扫地，给自己的家人（包括妻子）带来烦恼和耻辱。	不管妻子过去对他好不好，他都得对妻子负责。为救妻子去偷药，只不过做了丈夫该做的事。
	4	以法律与秩序为定向	采取非常措施救妻子的命合情合理，但偷别人的东西犯法。	偷东西是不对，可不这么做的话，海因兹就没有尽到做丈夫的义务。
后习俗水平	5	以法定的社会契约为定向	丈夫没有偷药救妻子的义务，这不是正常的夫妻关系契约中的组成部分。海因兹已经为救妻子的命尽了全力，无论如何都不该采取偷的手段解决问题。	法律禁止人偷窃，却没有考虑到为救人性命而偷东西这种情况，海因兹不得不偷药救命，如果有什么不对的话，需要改正的是现行的法律。稀有药品应当按照公平原则加以调控。
	6	以普通的伦理原则为定向	海因兹设法救自己妻子的性命无可非议，但他没有考虑所有人的生命的价值，别人也可能急需这种药。他这么做，对别人是不公正的。	为救人性命而去偷是值得的。对于任何一个有道德理性的人来说，人的生命最为宝贵，生命的价值提供了唯一可能的无条件的道德义务的源泉。

2. 体谅模式

体谅模式是由英国道德教育专家麦克费尔等人创建的一种道德教育模式。该模式假定与人友好相处是人类的基本需要，满足这种需要是教育的首要职责。它以一系列的人际与社会情境问题启发学生的人际意识与社会意识，引导学生学会关心、学会体谅。

1964—1971 年,麦克费尔等人以问卷和访谈的形式,对英国中学 13~18 岁的男女学生进行过 3 次大规模的调查,要求他们分别记述一件别人对自己好、对自己不好、对自己既谈不上好也谈不上不好的事件。通过对这些"好事"和"坏事"的分析,他们得出了关于学校道德教育的一些基本观点:① 与人友好相处是人类的基本需要,帮助学生满足这种需要是道德教育的首要职责;② 道德教育重在提高学生的人际意识和社会意识,引导学生学会关心、学会体谅;③ 鼓励处于社会试验期的青少年试验各种不同的角色和身份;④ 教育即学会关心。

3. 社会学习模式

社会学习模式由班杜拉和米切尔等人创建。他们强调人类的行为是个体与环境交互作用的产物。在社会环境里,人类通常是直接通过"观察"和"模仿"他人行为模式而获得知识技能和行为习惯。观察和模仿是个人与个人之间进行的有关社会行为的学习,因而也称"社会学习"。这种强调内在和外在影响交互作用的观点,成为社会学习理论的一个基本思想。

社会学习模式对所强调的"观察"与"模仿"这两种学习手段有具体的论述。他们认为"模仿"并不是行为主义所理解的那种刺激——反应的机械的简单的重复,而是指通过直接观察从而模仿他人的过程。在这个过程中,学习者可学到新的或抑制旧的道德认识、情感和行为习惯,可促使潜在的道德行为倾向变为外部的现实。因此,榜样示范对品德形成具有重要意义。在班杜拉看来,榜样示范多种多样,既有家长、教师、伙伴的示范作用,又有大众传媒及学校环境的示范作用。教育者应注意发挥榜样的积极作用。

至于观察学习,指的是通过观看他人的行为而学会简单和复杂行为的一种学习能力。观察学习过程不包括对学习者的直接刺激强化,也没包括学习者对刺激的反应,而是把刺激在榜样身上发生反应的情况作为信息,使学习者接受信息后所发生的学习。观察学习的过程由注意示范过程、保持示范过程、实施具体行为的运动再生过程和强化榜样模仿的过程构成。

社会学习理论进一步指出,在"模仿"和观察学习的全过程中,自我调节极为重要。学习并不是一种简单的刺激——反应的结果。主体的认知因素、情感因素都影响着观察学习的过程及其结果。也就是说,行为不仅仅是由环境所维持,而是由个人和环境之间的交互关系来维持的。

二、当代我国道德教育模式

1. 活动道德教育模式

这一模式由戚万学首先提出,活动道德教育简单来说,就是在活动中通过活动,而且为了活动的道德教育。活动道德教育模式从现有道德教育理论和道德教育实践出发进行思考,认为"活动"是一个尚待开拓的教育研究领域;活动道德教育,是在反省传统道德教育基础上提出的,在于突出道德教育的主体性本质;活动道德教育模式也是对当代认知主义道德教育的一种补充,在于突出道德教育的实践性特征。从"活动"与道德发展及道德教育间的关系来看,活动是个体道德形成、发展的根源与动力;活动是学生自我教育的真正基础。活动道德教育模式实施过程中教师的角色已不是只对学生发号施令的权威,也不是无动于衷的旁观者,而是学生活动的组织者、参与者、指导者。与传统道德教育相比,教师反而肩负更大的责任,面临更多的困难。

2. 情感性道德教育模式

这一模式由朱小蔓首先提出,情感性道德教育模式突出地强调人的情感性素质是个人道德性的深刻基础,也是道德教育现实化的重要保证,是整个人类道德及道德教育优质的基石。因而,应该悉心地研究道德教育中情感运作的特殊机理。

首先,这一模式强调道德教育应是对人的情绪、情感合理的适应过程。人在一定的道德教育环境中,其正当的安全感、归属感、自然情趣应当得到满足,它们是健全人格,包括道德人格形成的首要基础或者说是最重要的基础性情感。其次,这一模式强调道德教育应是对人的情感需求的引导、提升。为此,道德教育可以利用两种情绪运作机制:一是情意感通机制,它以受教育者获得共通感、同情心、敬慕感为主要标志;二是需求冲突机制。

朱小蔓认为,情感性道德教育模式在实践上一般应有三个最为敏感的指标:第一,教育者有无情感——人格资质与技能;第二,是否形成情感交往关系或"情感场";第三,受教育者是否有情感经验的积累和改组。她认为和谐教育模式、交往教育模式、情境教育模式、合作教育模式、关怀教育模式、体谅模式、敏感性训练模式等均具有情感性道德教育模式的操作特征。

3. 主体参与道德教育模式

提出该模式的魏贤超认为,就内涵而论,主体参与式德育方法论或德育原则是社会、学校、教师与家长要在教育中积极组织学生开展各项参与活动,引导每个学生(体现大众参与的要求)以主体身份民主地、直接地参与班级、学校、家庭和社会各个领域的事务,主动接受班级、学校、家庭和社会的变革与发展,从而使学生在参与中、通过参与,受到教育、获得发展,并为进一步参与做好准备。

从宏观上看,学校道德教育应该引导学生以社会的真正成员(公民)的身份直接地、民主地、主动积极地参与到社会生活的各个领域——经济、社群、政治与文化

（或精神）领域的生活、活动及其变革中去，从而接受社会生活的全面影响与全面教育，获得主体性素质和主体性道德素质的全面、整体的发展。从中观上看，主体参与式道德教育应该引导学生以学校主体或主人身份直接民主、主动积极地参与学校教育及其管理、决策活动与过程，从而使学生在参与中，通过参与和为了进一步参与受到参与式的教育。从微观上看，主体参与式道德教育指的是，学校一切教育活动与过程，都应该从学生身心发展的特征、需要与规律出发，重视学生学习与发展过程中的主动性、能动性、积极性、自主性与创造性，从而促进学生主体性素质和主体性道德素质的生动活泼的发展。

第三节　网络环境下的儿童道德教育

计算机网络是指处于不同地理位置的多台具有独立功能的计算机系统通过通信设备和通信介质互连起来,并以功能完善的网络软件进行管理并实现网络资源共享和信息传递的系统。随着全球网络技术的迅猛发展,现代信息技术正以惊人的速度改变着人们的工作方式、学习方式、生活方式及思维方式。互联网已经发展成为中国影响最广、增长最快、市场潜力最大的产业之一,正在以超出人们想象的深度和广度迅速地发展。随着互联网的普及和应用,有越来越多的小学生加入了"网民"的行列。网络为小学生提供了丰富的信息资源,同时也为他们创造了精彩的娱乐时空。上网成为许多小学生度过课余时间的主要方式之一。然而,有许多学生沉迷于网络,聊天、玩游戏,他们知识阅历浅,鉴别与防范能力差,而学校的网络教育与网络道德教育机制还不够完善,因此,正确认识网络特点以及网络环境下的道德问题,对于网络环境下的道德教育是十分重要的。

一、网络的特点

1. 开放性与便捷性

网络的一大特征是对信息的数字化处理。数字化信息极大地减少了信息存贮的空间,使互联网的信息容量大,传播速度快,覆盖范围广,具有高度的开放性和便捷性。从信息资源的角度看,利用计算机技术、网络技术和远程通信技术,集各个部门、各个领域的各种信息资源于一体,供用户进行资源共享,人们可以更快捷、更方便、更全面地获取信息、交流信息,满足日益增长的信息量的要求。无论你在世界哪个角落,只要一台电脑、一根电话线,你就可以与世界联通。

2. 交互性与虚拟性

传统媒体最重要的特点,是信息由信息的发布者单方面制作并提供,这种单向交流的渠道不能根据用户的兴趣和要求来提供信息,用户只能作为被动的接受者,而提供方也不能立即从用户那里得到反馈信息。网络所进行的信息传播,具有交互式通讯的优点,使得人们在浏览页面时能够根据自己的要求选择信息、主动获取信息的提供方也能及时准确地从用户那里得到反馈信息。这种交互式的传播方式是其他媒体所无法比拟的。

网络所进行的信息传播还具有虚拟性。所谓虚拟性是指互联网借助声音、图像、文字等手段所构筑的存在状态是无形的,随着三维动画及虚拟现实技术的不断完善,在互联网世界里创造了越来越逼真"现实"的环境,如虚拟商店、虚拟医院、虚拟学校、虚拟社区等,形成了另外一个时空概念。你可以用你能想象得到的任何身份在互联网上交友、购物、学习、旅游观光,从事现实生活中存在的或虚拟出来的各项活动。

3. 多边性与全时性

互联网的多边性是指充分利用互联网开放性的特点,让不同的用户参与到他们感兴趣的问题、话题中,进行讨论并交换意见。如网上学校、网上俱乐部、网上论坛等,都利用多边互动性实现良好的效果。而且网上的交流比起现实生活的交流可以少顾忌、更真实、更自然、更充分。如一个学生的心理问题、想法或观点,平常往往不敢在众人面前表露出来,主要是心理上的障碍,害怕别人发现自己的秘密,害怕同学、老师的偏见。而网上的交流则不存在这一忧虑,因为人们通过网络来进行交流,共处一个虚拟世界中,彼此"熟悉"而又"陌生",可以毫无顾虑地把自己的想法说出来。通过上网,也可获得无数素不相识的朋友的帮助。而且互联网上的信息具有全时性,一旦发出去,凡是网民都可以不受时间等外界条件的约束随时接收。

二、网络环境下的道德问题

网络既给我们带来便利,也可能带给我们灾难。网络环境下可能出现的道德问题主要有以下几点:

1. 道德认识的模糊

网络文化作为一种人与人之间直接互动的产物,在信息传播上具有不可控性。它改变了过去信息必须经过传媒把关"过滤"的惯例,在相当程度上突破了任何个人或政府对信息的控制。网络是最大的信息库,也是一个巨大的信息垃圾场,各种有害的不良信息也会污染青少年的精神世界,阻碍他们的健康成长。此外,网络信息的传播是无国界的,但是信息的内容是有国界的。例如,在有些国家某些色情项目是合法的,因此,其色情信息也在网上大行其道,并且传播到世界各地,网络色情与暴力危害着儿童的健康成长。

2. 道德情感的失落

网络生活是一种依托高科技的半现实生活,如果一个人长期沉湎于网络就会逐步丧失对现实生活的价值关怀,变得越来越孤独、越来越虚幻、越来越物化,从而日显技术进步与人文精神失落之反差。有的小学生成天在网上玩游戏,痴迷网络聊天交友,远离同学、学校,远离父母、家庭,对其他事情一概没有兴趣,就是这方面的具体表现。

3. 道德行为的失范

网络生活是一种特殊的社会生活,是以"虚拟性"为特征的多维互动,网民在线交往多数隐匿了其真实身份、行为方式、行为目的,网络成了一片无约束的"自由"乐土,这种道德监控的真空状态,给人一种从未有过的失控体验,容易消解人性中的责任意识和自律意识,从而破坏现实社会的道德伦理规范,出现种种网络道德行为的失范现象。由于年幼儿童自控能力差,由此而引发的少儿犯罪、逃学、厌学、离家出走、自杀、网恋等现象时有发生。

三、网络道德教育要求

网络道德是网络环境所生成的道德。它具有不同于现实社会生活中的道德的新特点,是社会道德的特殊形式。网络道德的建立和发展,应当立足于现实社会道德的基础上,运用既有的道德原则在网络活动的实践中逐步发展,形成合理的网络道德规范,建构统一的信息社会的道德体系。

网络道德教育是运用计算机技术和网络技术的手段,围绕现代道德教育目标和内容,开展道德教育管理和一系列道德教育活动的过程。具体地说,网络道德教育就是指在局域网(LAN)和广域网(WAN)上所开展的一系列的道德教育活动,包括道德教育信息、网络文化、网络道德课、虚拟社区、网上咨询答疑、在线讨论、就业指导、网上道德教育基地、网上家长学校、网上漫游等。

网络的迅猛发展势不可挡,随着它对人类生活和生存方式影响的日益扩大,网络自身也处于不断的发展之中,并日臻完善。网络信息丰富而庞杂,对学生的思想和行为的影响错综复杂,规范网络行为,形成健康、积极的网络道德既是网络文化发展的自身需要,也是网络环境下儿童道德教育的需要。

1. 自觉规范网络行为

互联网是开放的,既有大量进步、健康、有益的信息,也有不少劣质、低级、黄色的东西。因此,社会有关部门应该与各网络组织一起制定必要的网络规范,进行宣传、督促、监视,使网络组织与上网的个人都能自觉规范网络行为。目前,一些计算机网络组织已经为其用户制定了一系列相应的规则,规范网络行为的方方面面,如电子邮件使用的语言格式、通信网络协议、匿名邮件传输协议等。一些网站也提出自律宣言,以中华童趣网(http://www.tato.com.cn)与一批儿童教育网站结成的儿童网站联盟为例：

为了明天的承诺

为了让中国的儿童在网络时代健康、快乐地成长，为了给孩子们一片洁净的网络空间，为了我们共同的明天，我们庄严承诺：

（1）我们不提供对儿童的身心健康可能造成损害和不良影响的信息内容与服务，对于非网站自主编辑的内容（如个人主页、BBS等）进行经常性检查，如发现有上述内容将及时清除。

（2）我们将努力拓展与儿童相关的信息内容与服务的种类和范围，提升内容和服务质量，充分满足孩子们健康、快乐成长的需求。

（3）我们将充分尊重儿童及其家庭的权益，采取适当与必要的措施保障他们的隐私安全。

（4）我们倡导全社会来关注儿童上网与上网安全的问题，呼吁社会、家庭、学校及传统媒体对儿童上网给予必要的、正确的引导，监督儿童网站的内容健康及技术安全。

（5）我们将通过儿童网站间的相互合作与自律监督，确保儿童网站的纯洁与安全。我们将尽一切努力推动中国儿童的上网进程，因为我们相信网络是属于未来的，未来是属于我们的孩子的。

2. 加强道德"慎独"修养

网络行为是一种特殊的社会行为，是在无监控情境下的个体行为，在很大程度上是依靠"良知"与责任来调控的。这是信息时代对道德伦理的新挑战。因此，网络环境下的道德教育，应当强化道德的责任感和自觉性，提倡自律精神。"慎独"是在个人独处时，没有社会和他人监督的情况下，仍能坚守道德规范，自觉地按正确的伦理准则行事，不做任何坏事，保持清醒的自我约束和坚定的道德信念。信息时代十分需要慎独，互联网上信息的选择、反馈和信息的发布、传播都具有较强的个体性，因此，切实做到慎独，努力增强道德主体性，以道德意志训练完善道德的自我监控与自我教育能力，提高抗诱惑能力，实现道德自律就显得特别重要。

3. 完善校园网建设

互联网是开放的，具有信息的庞杂多样性。儿童可塑性极强，有向正反两方发展的可能性。对此，除了要从儿童自身素质提高着手，加强其道德的"慎独"修养以外，还要针对互联网内容的多元性，建设好儿童青少年自己的网站，特别是校园网，应加强内容建设，加强学生学习和研究资源的开发，并向学生推荐优秀的少年儿童网站。目前,不少小学已经开通了校园网,这是一件好事。但是,还存在着校园网内容简单、更新速度太慢等问题。校园网建设要针对儿童的年龄特征,了解儿童的兴趣与需要,及时开展校园网的维护与更新,可适度引入健康的游戏、娱乐项目,通过提高网络文化的科学性、艺术性与娱乐性,增强校园网对孩子的吸引力,以有效地防止学生到黑网吧上网,保证孩子在教师的指导下真正体会到网上获取知识和冲浪的乐趣,逐步确立现代信息社会"教育网"在少年儿童心目中的权威性,从而掌握网上主动权。

第四节 小学德育课程改革

德育,也称思想品德教育,是教育者有目的地把一定社会的思想道德转化为受教育者思想品德的社会活动。德育课程是教学计划规定开设的思想品德课程,是对学生进行德育的重要形式。

一、对小学思想品德课程的反思

1992年5月,原国家教育委员会依据《九年义务教育课程计划》制定、颁布了《九年义务教育全日制小学思想品德课教学大纲(试用)》和《九年义务教育全日制小学社会教学大纲(试用)》,规定在五年制小学的1～5年级、六年制小学的1～6年级开设思想品德课,五年制小学的3～5年级、六年制小学的4～6年级开设社会课。这两门课程的开设,为在小学进行共产主义思想品德教育和社会常识教育提供了平台,对小学生良好的思想品德和文明习惯的养成以及正确观察社会、认识社会、适应社会生活的初步能力的培养,发挥了重要作用。但基于新世纪社会发展的现实与新时期公民教育的需求考虑,思想品德课程和社会课程及其教学也存在着以下一些问题:

1. 课程内容编排学科化、知识化

思想品德课以德育目标演绎,以道德规范为体系构建,围绕"热爱祖国的教育"、"热爱中国共产党的教育"、"热爱人民的教育"、"热爱集体的教育"、"文明礼貌、遵纪守法的教育"、"努力学习、热爱科学的教育"、"热爱劳动、艰苦奋斗的教育"、"良好的品格的教育"、"辩证唯物主义观点的启蒙教育"九项道德规范组织教学内容,形成学科化明显的自成一体的课程。社会课从形式上看,教学内容围绕"认识周围社会"、"认识祖国"、"认识世界"层层展开,虽不像思想品德课那样有自成一体的学科倾向,但却没有摆脱历史和地理学科的痕迹,因此无法避免以多个学科拼盘式的知识来构建课程的问题。

2. 教学内容繁琐庞杂,交叉重复

由于按知识体系构建课程,在教学内容选取和组合上便不可避免地遵循一种纯学科的逻辑,教学内容繁琐庞杂,教学要求脱离学生实际。例如,社会课中有关地理常识的内容,基本上遵循地理学科的逻辑,以知识点的形式呈现,教学点多达

百余个。如果按此编制材料,其要求及容量不亚于初中一个年级的地理教科书。这两门课程在家庭、社区、祖国、世界等各个领域,在法律、规则、历史、地理、环境、科学等多个层面都存在着大量交叉重复的内容。

3. 教育方式主要是说教式

不可否认,思想品德课和社会课在内容的选取上对学生周围的事与物有所考虑,但总的来说,脱离学生生活实际、说教式教育的现象十分普遍。其具体表现在:① 把道德、品德从学生的个人生活和社会生活中剥离出来,将道德、品德认识孤立于一般认识之上,而所追寻的道德认知的线索,是一种纯学科的逻辑,而不是一种完全的生活逻辑。② 忽视学生主体,注重让学生获得具体的道德规定,而这种说教式的灌输因缺乏学生自主探究、自我体验,使得品德的培养流于形式、有效性差。③ 以成人的思维理解力、价值判断力、是非辨别力来规范学生的品德行为,缺少根植于学生实际现实的基础,因此对学生的相关教育如同空中楼阁,时效性与针对性不强。

思想品德教育和社会常识教育的内容是密切相关的。作为社会的人,道德存在于人的整体、整个生活(包括社会生活)。社会生活又体验和检验着社会道德和个体品德,人们在社会生活实际中不断挖掘,总结出美与丑、善与恶,不断提升好的品德。另一方面,好的品德又使人们的社会生活更加充实、更加美好。基于这样的价值取向,思想品德教育和社会常识教育的改革势在必行。

二、小学品德与生活、品德与社会课程的特点

在当前国家新一轮基础教育课程改革中,新的课程计划规定,在小学低年级(1～2年级)开设品德与生活课程、小学中高年级(3～6年级)开设品德与社会课程。与以往小学开设的德育课程(思想品德课和社会课)相比,小学新的德育课程有一些突出的特点。

1. 品德与生活(小学1～2年级)

品德与生活是一门综合性课程,它从低年级儿童的生活经验出发,其内容涵盖了品德教育、劳动教育、社会教育和科学教育;在教师引导下,通过儿童的自主实践活动,学习健康安全地生活、有责任感地生活、有创意地生活,并养成良好的行为习惯,为学生适应学校生活和未来参与社会生活打下基础,它具有以下几个特点:

(1)品德与生活课程的基础是儿童的生活,这是课程的生活属性。它与以学科知识为基础建构的课程迥然不同。品德与生活课程遵循儿童生活的规律,以儿童的现实生活为课程内容的重要源泉,从儿童的生活中建构课程体系,从而摒弃了

"以知识为本"的理念,真正体现了"以人为本"的价值取向。

(2)品德与生活课程的目标是以培养品德良好、乐于探究、热爱生活的儿童,这是课程的价值属性。品德与生活课程的价值取向,除了表现在培养学生良好的品德外,还表现在培养学生乐于探究的科学素养和热爱生活的情感素养方面。与思想品德课的目标不同,本课程的目标具有多维性,它基于儿童生活的整体性和儿童心理的整合性,从追求儿童整体发展着眼进行课程目标设计。

(3)品德与生活课程的呈现形态是活动型,这是课程实施方式方面的属性。品德与生活课程是以儿童直接参与的丰富多彩的活动作为其呈现形态,而非"讲授—接受"式的。活动是教和学共同的中介。教科书不作为知识的载体供教师讲授,而只作为引发儿童活动的工具和材料,是儿童开展活动时可利用的资源。儿童更多的是通过实际参与活动、动手动脑,而非仅仅依靠听讲来学习。

(4)品德与生活是一门综合课程,这是课程的类别属性。品德与生活课程是将品德教育、生活教育、文化教育、科学教育等教育领域有机地整合成一门包容性更强的综合课程。建构这种综合课程的理由:一是低年级小学生的认知方式具有综合性;二是生活本身就是综合在一起的;三是追求学生心理整体性发展的需要。

(5)品德与生活课程的理念主要有:道德存在于儿童的生活中、引导儿童热爱生活、学习做人是课程的核心、珍视童年生活的价值、尊重儿童的权利、在与儿童生活世界的联系中建构课程的意义,这是课程的指导思想。

(6)品德与生活课程的结构框架由三条轴线和四个方面组成。三条轴线是儿童与自我、儿童与社会、儿童与自然。四个方面是健康、安全地生活(儿童生活的前提和基础);愉快、积极地生活(儿童生活的主调);负责任、有爱心地生活(儿童应当遵循的基本道德要求);动脑筋、有创意地生活(时代对儿童提出的要求)。

2. 品德与社会(小学3~6年级)

品德与社会是继低年级"品德与生活"之后、在小学中高年级开设的一门综合性课程。它根据学生社会生活范围不断扩大的实际,从学生品德形成、社会认识的需要出发,以人与他人、人与社会、人与自然为主线,将爱国主义和集体主义教育、品德教育、行为规范和法制教育、历史和地理教育、国情教育以及环境教育等融为一体,为学生成长为富有爱国心、社会责任感和良好品德行为习惯的现代公民奠定基础。它具有以下一些特点:

(1)品德与社会课程的基础是儿童的社会生活,这是课程的社会属性。品德与社会课强调儿童的社会生活基础,使儿童置身于他们生活中所能遇到的各种自然、社会、文化因素之中,如"我在成长"、"我与家庭"、"我与学校"、"我的家乡(社区)"、"我是中国人"、"走近世界"等。课程从学生的生活切入,基于他们的经验开展学习,帮助学生逐步地从身边基础的事物开始,学习关注周围和更广泛领域的社会现象、事物,形成对社会的理解和认识。

（2）品德与社会课程的目标是促进学生良好品德的形成和社会性发展,为学生认识社会、参与社会、适应社会,成为具有爱心、责任心、良好的行为习惯和个性品质的社会主义合格公民奠定基础,这是课程的价值属性。与社会课的目标主要体现为对学科知识点的达成的要求不同,生活与社会课程的目标则着眼于道德意识、规范、行为的教育,并将情感态度价值观以及能力方法的培养置于更重要的地位。

（3）品德与社会课程的呈现形态是活动型,这是课程实施方式方面的属性。品德与社会课程有关活动过程和活动方式的内容,其课程标准采用了"观察"、"调查"、"讲述"、"交流"等动词表述,这些行为动词的使用是对学生学习过程和方法的引导,也是对教师教学活动指导的要求,同时,还是对教学进行评价的依据之一。如"交流自家与邻里相处的情况,讨论邻里怎样才能和睦相处","观察自家周边环境和公共设施,为合理使用和爱护它们提出建议,做力所能及的事"等。

（4）品德与社会是一门综合课程,这是课程的类别属性。品德与社会课将品德、行为规范、法制、爱国主义、集体主义、社会主义、国情、历史与文化、地理环境等教育有机融合。这种教育的综合既是生活中各种自然、社会因素本身所具有的内在的综合,也是儿童与这种因素的内在联结。它让原本具有丰富、多样关联的儿童,原本综合在一起的生活,不为自成体系的课程所分离,而营造和展示一种与生活本身一致的综合课程形态。

（5）品德与社会课程的理念有：帮助学生参与社会、学习做人是课程的核心,儿童的生活是课程的基础,教育的基础性和有效性是课程的追求,这是课程的指导思想。

（6）品德与社会课程的结构框架由一条主线、点面结合和综合交叉,螺旋上升组成。"一条主线"即以儿童社会生活为主线。"点面结合"的"点"是社会生活的几个主要因素,包括社会环境（时间、空间、人文环境、自然环境）、社会活动（日常活动、文化、经济、政治等活动）、社会关系（人与人的关系、社会规范、规则、法律、制度等）。"面"是儿童逐步扩大的生活领域,包括家庭、学校、家乡（社区）、祖国、世界等。在面上选点,组织教学内容。"综合交叉,螺旋上升"指的是某一教学内容所包含的社会要素是综合的,所涉及的社会领域也不是单一的,可以交叉,同样的内容在后续年级可以重复出现,但要求提高,螺旋上升。

◈ 阅读资料

走向社会生活的德育，让孩子们成长得更好①

推进运河小公民教育，培育运河文化品牌；
培养社会合格公民，奠基未来美好生活

"德智体美劳全面发展"一直是学校培养学生的终极追求。但在今天过分强调分数的教育大环境下，德育越来越被淡化。学生只有学科知识，道德责任意识缺失，这使得"看客"现象作为社会的不和谐音符屡屡出现在我们生活中。"学生要有知识，更要有灵魂。"这不单单是一句口号，拱墅一直着眼于学生公民意识的培养，而举办"运河小公民节"、开发《运河小公民手册》课程，这都是拱墅在推进公民教育实践中的创举。

今年，拱宸桥小学 36 名师生就完成了一次"千年运河千里行"的壮举。这可不是一趟单纯的行走，更重要的是宣传运河文化、追寻运河踪迹的公益探寻之旅。师生们不仅走访了运河的北源头白浮泉遗址、漕运终点积水潭等运河古迹，还沿途采集当地运河的水样，进行对比分析。

"通过这次活动，希望大家都能从身边的每一件小事做起，保护水资源。不仅是为了运河申遗，也为了大家能生活在更舒适的环境里。"队员戴乐妮还透露，小队还给中央领导人写了信，希望能号召更多人来保护运河。

拱宸桥小学的"保护运河行动"只是拱墅在全区范围内轰轰烈烈开展"运河小公民节"活动的一个缩影。"运河小公民节"至今已举办三届，每年的 11 月份召开，每届一个主题，区域内所有中小学生全员参与开展"三级制活动"。也就是设有一个活动主会场，若干个活动分会场，每个学校都有相关校级活动。这样灵活的形式，可以充分发挥学校自身优势特点，进行个性化公民意识教育。比如今年的"运河公民节"分会场中，湖墅学校给学生们组织了一次烹饪比赛，让特殊儿童们能通过活动更好地融入社会，这也是一次特殊的公民教育。和睦小学和华丰社区合作开展"娃娃总理"活动，让孩子们走进社区，在照顾老人、宣传垃圾分类活动中培养公民意识。

在"运河小公民节"活动中，还开展了节徽口号设计、故事会比赛等活动，同时也涌现了一批批明星小公民。文渊小学二(3)班的郎轩就是个很好的例子。虽然她还是个 8 岁的孩子，但在学校公民教育的培养下，有着一颗"助人为乐"的心。今年重阳节，小姑娘就和同学们到敬老院为爷爷奶奶们演出，活动结束后她更是主动

---

① 杭州日报(2013－12－21)

留下来,为老人们按摩、打扫卫生。看到老人们比较孤独,郎轩就跟妈妈约定每隔半个月来敬老院陪老人们聊天。她如小天使般带给老人们欢乐,得到了老人们的高度表扬。

在"运河公民节"如火如荼进行的同时,《运河小公民手册》的推出无疑又给拱墅小公民教育添上了浓墨重彩的一笔。全书共有"我与自己、我与家庭、我与学校、我与社区、我与杭州、我与运河、我与中国、我与世界、我与地球"九大主题,并将公民的权利、责任、规则等知识渗入其中,不仅讲授相关的基本知识,更将学生公民意识教育与行为养成教育结合起来,引导他们积极参与和生活、学习密切相关的公共活动。目前该教材同时也作为拱墅区中小学班会课的定向教材,而对它的使用也对班主任工作提出了新的挑战,培育了一大批班主任迅速成长起来。

对于运河公民节的开展,不少德育专家给予了高度评价。原中央教科所所长、著名德育专家朱小蔓老师观摩了活动之后不禁感慨道:"拱墅区教育局如此高度重视学校德育,开发德育资源,整合方方面面力量关注学生成长,学校德育不再是文化的孤岛。孩子们的表现非常棒,参与公共社会生活的表现力也很强,大家能在活动中体验公共社会生活,同时培养公民意识,有效地说明德育不是一般性的示范。"这高度的评价无疑是对拱墅公民教育最好的肯定。

全新班主任队伍四个层次梯级培养;
名师收徒、高端培养、研修成果丰硕

班主任,天底下权力最小,贡献最大的主任。他们是班级的组织者、引导者和教育者,也是一个班级中全体任课教师教学、教育工作的协调者,更是负责一个班学生的思想、学习、健康和生活等工作的德育先行兵。拱墅区特别注重班主任队伍的建设,区教育局负责人曾这样说:"班主任是教师队伍的灵魂,与学生成长密切相关,当不好班主任的老师,就不是一名优秀的老师。"

如何努力培养一支具有专业化水平的中小学班主任队伍,是一个全国性的教育难题。拱墅区经过多年的探索,找到了一条适合自己的班主任培养道路——班主任梯级培养。

"功勋班主任、名班主任、优秀班主任、新锐班主任",梯级培养按教龄划分为四个层次,两年评一次,并对评选出的不同层次的班主任给予相应的奖励,激励教师在班主任岗位上脚踏实地、全心投入。值得一提的是,对于功勋班主任,区教育局给予每人2万元的奖励,这也是拱墅区有史以来对教师个人最高的经费奖励。

"我这一辈子,做好班主任这一件事也就够了。"大关中学的金爱清,是首批6名功勋班主任之一。学生对金老师的称呼,从姐姐、妈妈,再到奶奶,她就是这么一位"爱心型"班主任。孩子比较内向，她会让其担任班干部锻炼胆量；孩子生病了，她会抱起孩子直奔医院，一直守在边上……24年教师生涯中，未曾获得过非常耀眼的荣誉，但金老师坦言，这份荣誉是对她班主任生涯最好的肯定，也激励自己继续在班主任岗位上勤勤恳恳地奉献。金老师只是拱墅班主任队伍的一个缩影，正是有了"梯级培养"计划，班主任的荣誉感和关注度被不断放大，激励着更多年轻教师投身班主任行列中。

当然，对于年轻班主任的培养，经验丰富的名班主任是一笔珍贵的"教育财富"。如何把他们的价值最大化，拱墅区想了个办法——成立"名班主任工作室"，享受津贴。工作室成立后，名班主任可以充分发挥示范模范作用，而年轻班主任也通过"拜师学艺"，缩短了班主任工作的"适应期"和"探索期"，离名班主任的目标会更进一步。

卖鱼桥小学的"江敏班主任工作室"，由杭州市优秀班主任江敏领衔，成员中不乏新班主任。"年轻老师难免对班主任工作感到迷茫，工作室成立后要求每月集会一次，年轻老师可以在交流中吸取更多经验。"江老师举了个例子，郑琴敏是学校的科学老师，刚当班主任时总摸不到门道，在工作室的帮助下，郑老师走出了些"新路子"。比如她创立了积分换活动制度，学生因学习、行为等表现突出而获得的积分可以换课外活动，深受学生欢迎。

在拱宸桥小学的"金蓓蕾班主任工作室"，有研讨区、展示区，学生的活动区、心理辅导区等功能也一应俱全。这其中有个活动沙盘特别引人注目。"这是一个心理监测器具，有心理问题的学生可以在沙盘上把玩具随意摆放。老师可根据摆放，判断他可能遇到的问题。"金老师说，除了加强对学生的心理辅导，全校36个班主任将定期在工作室展开研讨，对智慧管理、案例研究进行分享，从而让更多的班主任成长起来。

为了打通资源，让名班主任们的管理经验受益范围更广，拱墅区还成立了以德育特级老师谢玲玲领衔的"谢玲玲班主任工作室"，这宛如一张"蜘蛛网"，把原本"各自为战"的名班主任工作有效地串联起来。

此外，为了加快班主任专业化成长脚步，早在2011年起，拱墅区就定期开展"智慧班主任培训"，选派各中小学的德育骨干参与。而今年6月，运河德育高研班也正式启动，首批42人，每月培训一次，除了专业理论的学习，还会就工作中的案例进行分析研究。正是有了多平台的历练，拱墅区的班主任在专业成长上进步显著。区内共有21所中小学参加了全国班主任专业化总课题的研究，是杭州市之最。全区共有班主任"一书一得"80余篇文章参加全国班主任专业化论文评比，其中 20 余篇获得一等奖,20 多篇获得二等奖,还编辑了一本近 20 万字的《拱墅区班主任案例集》。

深入推进"一校一品",打造学校德育新篇章; 内外联动,德育基地共筑区域立体育人网络

《荀子·劝学篇》有"蓬生麻中,不扶而直"的说法,讲的是环境对人潜移默化的影响。学生成长中相当一部分时间在校园中度过,校园文化直接影响着学生的思维品质、行为价值及认知能力的形成,所以校园文化已经成为学校德育体系的重要组成部分。为了打响拱墅教育的文化品牌,提升拱墅德育影响力,区教育局以运河文化为纽带,提出了"一校一品"战略,即一所学校根据自身特色,树立一个文化品牌。经过几年的积淀,各学校都有了自己独特的德育文化。

文晖中学认为教育最重要的是"美与爱"的培养。为此,学校在开学典礼、毕业典礼、登北高峰等校园活动中,都把学生作为主角,让他们展现自己的特色,感受学校的关爱,让他们相信自己有美好的未来,走在一条最美的道路上。"至善校园"一直是北苑实验中学核心的校园文化。学校把"有善心,做善事,成善人"作为培养目标。在行为习惯上,实行"学生自治";老师值周站岗见到学生主动问好,用言传身教感染学生⋯⋯正是在"善文化"的熏陶下,学校形成了严谨、和谐的校风。文澜中学以"立德树人"为教育宗旨,通过开展丰富的社团活动和心理健康教育,搭建放松身心、发挥特长的平台,促进学生的全面发展。学校社团内容丰富,有机器人小组、民乐队、心理研究小组等六十余种。在社团活动中,学生不仅获得了丰富的学习、情感等多方面体验,而且还提高了自主教育、管理以及发现问题与解决问题的能力,形成了文澜学生的独有的价值观、思维方式及其学习习惯。

校园文化的形成源于学校的历史沉淀,目前拱墅正在着力实施"校校有校史室"工程,区内有近一半的学校建有校史室。而到"十二五"末,拱墅区有校史室的学校将达到 80%。校史室的建成,可以让学生在参与"知校史、讲校史、传校史"的过程中,受到学校文化的浸染和熏陶。

外语实验小学的校史室就坐落在综合楼 1 楼走廊里,由于是孩子上课必经之道,接待率很高。校史室的两侧墙上,图文结合记录着学校 16 年来"责任教育"的点点滴滴。学生们还可以通过点读笔进行英语点读,让大家在玩的过程中,既记住了学校历史文化,也可以轻松学英语。通过"静态展板、实物陈列、多媒体交互平台",半山实验小学校史室对其 60 余年的办学史和优秀校友事迹进行了翔实记录。学校每年会招募小小校史讲解员,从而在对这些学生进行校史教育基础上,将校史文化辐射到全校。学校还计划在社团课中开设校史研究,指导学生更深入地了解

学校的历史文化。

　　班会课、品德课、心理健康教育课等是德育课堂的主战场,如何在课堂教学上下工夫,拱墅区各学校也进行了深入探索,并涌现出一批精品的校本课程。比如像德胜小学创编了有德胜德育特色的《小学生道德三字歌》,学校将它作为校本课程,学生在编童谣、唱童谣的过程中得到了熏陶,每周德育内容也得以落实。外语实验小学则通过开发"责任小公民"校本课程,展开"大手牵小手"行动,让高年级的学生和低年级学生结对,在开展校本课程及活动的同时,培养学生的公民意识和爱心。

　　近几年,拱墅区一些学校在活动的策划与实施、班主任队伍的培养等方面都有一套自己的文化,在区教育局推动下,一批带着学校文化烙印的德育工作站正式成立。这些特色不仅成为亮点,还能很好地带动其他学校的德育工作。比如像大关小学的"美善相谐",学校把艺术的"美"融入学生生活的方方面面,每学期都会组织出游,目的地多是一些艺术场馆,让孩子们在玩中接受艺术熏陶。老师每星期都写寻善日记,学生间也相互寻找好人好事,每到周一还会在广场上和大家分享,达到弘扬善文化的目的。卖鱼桥小学的"光谱教育",把原本40分钟的国家课程减为35分钟,多出的时间则开设晨诵、礼仪教育、生命教育等光谱课程,以满足学生个性发展需求。

　　此外,还有像拱宸桥小学的"新成功教育"、德胜小学的"道德三字歌"、大关苑一小的"童真童趣式德育活动"、和睦小学的"习惯教育"、半山实验小学的"行为教育"、外语实验学校的"责任感教育"、大关中学附小的"航空航天精神教育"、文渊小学的"自信教育"等都已深入人心,成为学校的德育品牌。

思考题

　　1. 简述儿童品德的心理结构及其作用。

　　2. 结合工作实际,设计一个道德两难问题。

　　3. 评析西方三种道德教育模式的特点。

　　4. 根据活动道德教育模式(或另两种模式)的基本原理,设计一个德育活动片断。

　　5. 阐述网络环境下的道德教育的对策。

　　6. 谈谈你对于阅读资料"走向社会生活的德育"的看法。

第七章　儿童科学教育

陶行知先生于 1932 年 5 月 13 日对小学教师所做的演讲①

在 20 世纪科学昌明的时代,应当有一个科学的中国,然而科学的中国,谁来负起造就的责任? 就是一班小学教师。造成科学的中国,责任大得很啦。小学教师们一定要说:"我们负不起这种重大的责任。别怕。我想,造成科学的中国,也只有小学教师可以负责。因为要建设科学的中国,第一步是要使得中国人个个都知道科学,要使个个人对于科学发生兴趣。年龄稍大的成人们,对于科学引不起他们的兴趣味。只有在小孩子身上,施以一种科学教育,培养他们的科学兴趣,发展他们科学上的天才,只要在孩子们中培养出像爱迪生那样的几个科学杰出人才,便不难使中国立刻科学化。所以我说要造成科学的中国,责任是在小学教师。但是谈到科学教育,在施行上大家都觉得有些难色,因为科学是一种很高深很精微的学问,小学教师的本身尚未登堂入室,而要负起科学教育的责任,谈何容易。殊不知科学并不是很难的东西,高深的科学固然很难研究,但是浅显的科学,我们日常玩着的,人人都会做。我们用科学的教育训练小孩子,譬如叫小孩子爬树。你教人爬树,如果从小教起,到了长大,便会爬到树顶。如果教成年人学爬树,势必爬到头破血流,非得爬不到顶,并且他的手足伤害甚多。所以,我们必先造就了科学的小孩子,方才有科学的中国。"

---

① 陶行知先生于 1932 年 5 月 13 日对小学教师所做的演讲[EB/OL]. http://blog. sina. com. cn/s/blog_639122bd0100hiow. html(节选)

陶行知先生在 80 多年前,把造就科学昌明的时代归于小学教师,那是多深刻的见解！而今,儿童科学教育是以培养儿童科学素养为宗旨的启蒙教育活动,对儿童个体成长、个性的全面发展以及人际合作等都有积极作用,科学教育是全面实施素质教育的重要内容之一。本章概括了科学、科学教育的含义,明确了儿童科学教育的意义、理念、目标等问题,为正确开展儿童科学教育提出要求。

第一节　儿童科学教育概述

一、科学的本质

科学的英文表达为 science,是自然科学(natural science)的简称。古今中外对其有各种多样的不同解释。在梵语中,"科学"一词是指特殊的智慧,在拉丁文中是指知识的意思,法文可泛指一切学习形式,德文常与科学一词通用,其意为知识或了解的艺术。

迄今为止,多数人把科学视作一种知识的体系,是系统化的理论知识总和,反映了人们对自然、社会和思维等领域客观事实的规律的认识。但也有人反对,认为科学不仅是知识体系,而且应该包括动态的知识加工过程。这些关于科学的定义都是狭义的,不包括技术。现代科技与技术正在相互渗透,愈来愈紧密地联系在一起,因此,从较广义上说技术也可以包含在科学之中,对科学还有一种更广义的理解,就是把科学看做是一种对待事物的基本态度与方法,与迷信、盲从相对应,即科学精神与科学态度。

这些认识,反映了人们对"科学"概念理解的深化与发展,科学自身随着人类的不断实践与探索,也是永无止境地在发展。相信随着科学自身的不断发展,人们对科学概念的理解也会越来越深入、完善。

目前科学界较为流行的观念是所谓的"三位一体"说,即完整的"科学"定义应包括三个重要的组成部分:科学态度、科学探索过程及方法、科学探索的成果(科学知识体系),至于什么是科学的本质,科学哲学家、科学历史学家及科学教育工作者各持己见,至今尚无统一的定义。然而那些分歧就儿童科学教育而言,并非至关重要,根据美国著名科学教育专家莱德曼的调查报告,至少在以下几个方面,各界学者对科学本质已达成广泛的共识:① 科学思想是不断地发展完善的;② 科学需要证据;③ 科学带有主观性,因而科学家应努力识别并避免偏见;④ 科学是逻辑推理及人类想象和创造力的结合;⑤ 科学的发展受社会及文化因素的影响。以上认识形成科学教育的理论基点。

今天,高速发展科学技术已经使人们的社会、经济、文化和日常生活等方面发生了巨大的变化,这种变化将持续并加速。科技不仅是"阿波罗登月"、"原子弹爆炸"、"人类基因工程",而是正渗透到人们生活的方方面面,迫使每个人都应能用科学信息对日常遇见的事情做出选择,每个人都必须能够用自己的智慧,参与交流和讨论科学技术方面的重要问题,而且每个人都有权利分享对自然界理解和学习带来的激情和自我满足。科学已不是少数科学家的事了,而成了每一个生活在这个社会中的人都必须具有的基本素质。而儿童期是培养年轻一代科学素养的重要时期,儿童科学教育作为科学教育的基础组成部分,其重要意义不言而喻。正因如此,儿童科学教育在我国整体教育改革中占有越来越重要的地位,人们日益意识到儿童科学教育对青少年儿童发展和社会发展所具有的独特价值和意义。

从科学的发生来看,也起始于个体,地是什么形状的? 鸟为什么会飞? 流星是怎么回事? ……这种问题人们问了好多遍,也回答了许多次,显然有些回答是错误的,对科学来说结论并非一贯正确的,这从科学史的角度更容易理解。科学从其过程来看,主要有好奇、发问、观察以及根据观察结果对现象的解释等几个阶段。

儿童对周围环境有一种天生的好奇感,它似乎是一种本能,是人类天生的反应能力,表现为好问、好动,它是人的智慧之苑,是人的创造力的萌芽,儿童的科学是从个体生命的第一个惊奇开始。从儿童对周围的环境好奇、(出声或不出声的)发问、观察并对现象进行解释,这一过程有的学者便认为是"儿童的科学"。

儿童的科学确实是科学,我们不能因为它与成人世界的科学有差异便加以否定,当我们从科学史的角度来审视科学时,我们会发现成人的科学并不总是深奥的,儿童的科学并不绝对肤浅,古代的科学与儿童的科学颇为相似,公元前 6 世纪古希腊米利都学派的泰勒士与相对论的创始人爱因斯坦在其四五岁时所发表的对磁石的见解竟如此相像,古代的科学与儿童的科学虽有可比之处,但儿童的科学与作为文化而存在的近代科学是有所不同的。儿童要达到科学发展的近代形态,不仅要依赖于教育的外在因素,可以在短短的十几年时间重演古代科学的演进历程,并在精神领域内达到科学发展近代形态,还要有一个好的根据,即能使儿童获得客观经验的认识发展水平。

因此,科学对于儿童而言,它的本质不在于它是认识的真理,而在于探索真理,这显然比单单地把科学看做知识体系或者知识生产过程来得全面和深刻。

二、科学教育的界定

科学教育与科学发展几乎是同步进行的,19 世纪中期以前,西欧及北美国家流行的是古典主义教育,其中小学课程主要为阅读、写作和算术,中学则以古典文学和古典语言学为主要内容,教学方法以死记硬背为主,强调教师、书本权威性,不鼓励独立思考,那时能读会算、背诵经典往往是个人教养与财富的标志,但随着人类社会的发展,特别是分别以蒸汽机、电动机的使用为标志的第一次和第二次产业革命大大推动了科技及社会生产力的进步和提高,这时社会不仅需要大量的中、高级科技工人,同时也需要所有的劳动者掌握一定的文化科学知识,从而使面向大众的普及教育系统的建立成为必然。在这些新型中小学里,自然科学被列入正式课程,科学教育也就迅速地发展起来了,但当时的科学教育局限于科学知识的传授。

在中国,比较正式的科学教育可追溯到 20 世纪初。1903 年,清政府在内受政治大革命的压力和外受帝国主义列强欺凌的压力下,被迫"废科举,兴学校",而"废读经,学科学"则为这种"新学校"的重要标志。当时科学课名称为"格致",意为"格物致知"。此后,"格致"课曾易名为"理科"、"博物"等,新中国成立以来,小学科学课程经历了"常识——科学常识——自然常识——自然"等一系列发展演变,直到目前正在实验的科学。

当今人类社会正步入一个以信息、智力资源为重要因素的社会经济文化时代,世界范围的经济竞争,综合国力竞争,在很大程度上表现为科学技术的竞争,提高全民科学素养因而成为世界各国科学教育的共同目标。Scientific and technological literacy(科学素养)这个词几乎成了各个国家教育改革中使用频率最高的词之一。人们越来越感到要驾驭当今科学的飞速发展,不仅需要优秀的科研人员进行开拓性研究,更需要全体国民科学素养的提高,来满足不断发展的科学技术对各行各业普通劳动者素质的要求,同时满足越来越多科技含量的现代生活对普通市民更好地生活的需求。科学教育的内涵也在这一时期进一步丰富,不仅是传授科学知识、方法,而且增加了训练人的科学思维方式、培养科学精神的科学态度、提高科学探究和创新能力等。虽然不同学者的出发点不同,目前科学教育尚无统一的定义,对科学教育下一个绝对一成不变的定义是不现实的,科学教育的内涵不断地随着科学在整个人类社会中的地位作用变化而变化。

因此,在现阶段我们认为,科学教育是一种通过现代科技知识及其社会价值的教育教学,让儿童掌握科学概念,学会科学方法,培养科学态度,且懂得如何面对现实中科学与社会有关问题做出明智抉择,是以培养科技专业人才、提高全民科学素养为目的的教育活动。

三、科学教育的意义

在小学阶段,儿童对周围世界有着强烈的好奇心和探究欲望,他们乐于动手操作具体形象的物体,这个时期是培养儿童科学兴趣、体验科学过程、发展科学精神的重要时期。一些伟大的教育家、科学家、哲学家认为对儿童进行科学教育是十分必要的,例如捷克著名的教育家夸美纽斯在《大教学论》一书"母育学校的素描"一章中用比喻的方法指出"树木刚一生成它便发出日后成为主干的嫩枝,在这最初的学校,我们也应当把一个人在人生旅途中所当具备的一切知识的种子播植在他的身上。我们只要把知识的全部领域勘察一下,我们就可以知道这是可能的"。夸美纽斯还具体论述了对儿童进行科学教育的内容。"天文学的初步在于知道何谓天体、日、月与星辰,并且注意它们按日升落的情形"等,夸美纽斯虽然没有用过科学教育这一概念,但他的这些建议在今天看来实际上是属于科学教育范畴的;英国著名生物学家赫胥黎也是科学教育的热心倡导者,他提出许多科学教育思想,他认为对儿童教育要早,儿童开始说话时就开始;美国著名的科学史家乔治·萨顿也提倡对儿童进行科学教育,他说应该给所有年龄的男孩和女孩一些科学知识,从以上几位思想家的观点中我们可以看出他们一致认为儿童科学教育具有重要的历史价值。对儿童进行科学教育不仅是必要的,而且是可行的。

另外,从伟大科学家的成长历程来看,无论是17世纪当之无愧的科学革命的领头人物牛顿,还是象征着美国由穷变富的全世界科学技术史上千年不遇的奇才发明家爱迪生,还是人类迄今所知道最具创造才智的科学家爱因斯坦,他们的童年生活中都有一个共同的特点,就是从小对大自然和科学学科充满好奇的兴趣,从而唤起他们废寝忘食的钻研劲头,最终纷纷打开科学之门的金钥匙,正是他们从小养成的那种勤奋好学、永不满足的精神和品质,造就了这三位科学巨匠的辉煌灿烂的一生。

个体在儿童时期对自然进行科学探索,可以进一步强化个体对周围自然界的探索精神,使儿童内在的求知欲望燃烧得更为炽烈,为进一步认识科学研究奠定坚实的基础。

具体而言,科学是真善美的统一,科学中的真对人之真(智)、科学中的善对人之善(德)、科学中的美对人之美(情)的教育价值不容忽视,但是,从教育的现实性来看,科学是一个完整的系统,真善美的要素完善地统一在这个系统之内,不能分割,也就是说我们所要追求的是把科学当做一个完整的系统,开发其真、善、美统一的整体价值,促进儿童在认识能力、思想品德以及美感情操方面的发展,科学教育是全面实施素质教育的重要内容。

第二节　儿童科学教育的实施

一、儿童科学教育的基本理念

儿童科学教育是一种以培养儿童科学素养为宗旨的科学启蒙教育,不仅是"知识"的教育,更是"方法"的教育,"灵魂"、"做人"的教育,其基本理念与以前有所不同。

1. 儿童科学教育要面向全体,关注儿童主体发展

儿童科学教育是儿童科学素养的启蒙教育,接受科学教育是每位儿童的基本权利,既体现义务教育的公平性原则,也反映了现代科学发展对全体儿童的要求。面向全体儿童,为每个儿童提供公平的学习机会与有效的指导,要充分考虑到每个儿童在性别、天资、兴趣、生活、文化背景、民族、地区等方面的差异,在课程、教材、教学、评价等方面鼓励多样性和灵活性。

儿童科学教育在面向儿童的基础上,要体现儿童是科学学习的主体,应关注儿童主体发展,建构主义认为,学习实际上是学生主体与学习对象之间的一种建构活动,因此应让儿童成为教育活动的中心,教育者应以儿童的已知和需知为基础,鼓励儿童从自己的日常生活、兴趣和需要中选择学习主题,并帮助儿童确立他们建构知识的最有效途径,引导儿童进行分析与创新,以便科学地处理各种信息和实验数据,让儿童通过探究来自己解决问题。只有这样,学生才能在学习科学知识的同时,习得开展科学研究的方法,提高科学研究的能力,并培养科学的情感态度与价值观。要实现儿童在科学学习中的主体地位,关键是要转变教师的儿童观,重新定位教育中的师生关系。

2. 儿童科学学习要以探究为核心

"探究"指"深入探讨,反复研究"。现在使用的科学探究具备双重含义:一方面,指的是科学家们用来研究自然界并根据研究所获事实证据做出解释的各种方式;另一方面,指的是学生构建知识、形成科学观念、领悟科学研究方法的各种活动。在讨论科学教育的文献中,不管是使用探究(inquiry)还是科学探究(scientific inquiry)这个词,除特别注明外都是指探究式的学习活动,而非科学家的探究。

科学探究不仅涉及提出问题、猜想结果、制订计划、观察、实验、制作、搜集证

据、进行解释、表达与交流等活动，还涉及对科学探究的认识，如科学探究的特征。

在儿童科学教育中，探究既是儿童科学学习要达到的目标，又是儿童科学学习的主要方式。科学学习的目的是培养儿童的科学素养，由于科学素养的目标是由多因素组成的，因此其教育过程与单纯传授知识的讲授课相比，也应该有所不同，这就涉及教师教育教学观的转变。这是因为科学素养中的智慧、能力、情感、态度等因素与书本知识不同，不属于陈述性知识，而是程序性知识，或称为经验知识或默会知识，这类目标学生不可能通过简单的记忆、模仿性操练而达到，而必须是通过亲历某些科学探究活动，在参与的过程中产生体验、感悟，并最终内化的结果。教师只有充分认识到这一点，在教学过程中安排好各种相关的情景与有意义的科学探究活动，组织学生参与其中，亲历过程，自主地、充分地开展活动，从用脑到用手、到用多感官活动的优势，才能达到既学会知识与技能，又培养智能、情感态度与价值观，促进学生科学素养形成的目的。这是科学学习与传统自然学科知识学习最大的不同。但也需要明确，探究不是唯一的学习模式，在科学学习中，灵活和综合运用各种教学方式和策略都是必要的。

3. 儿童科学教育应具有开放性、满足社会和学生双方面的需求

科学教育的开放性是指科学教育不是一个完全可以预设的过程，尤其对以科学探究为主的教学来说，更是无法预测将会出现什么结果，即使是过程，也很难完全预设与控制。从某种程度上说，这是一个不断生成的过程，整个过程将随着教师、学生参与教学的程度与具体情况而展开。因此，科学教育从目标、内容、过程到结果都应该是开放的，既要有一定的目标要求，又不能死扣这些目标与要求。在教学过程中应体现适当的灵活性，使教学过程跟随学生的学习过程，紧贴学生的学习需求，让学生学有所得、学有成效。

在内容上，应选择贴近儿童生活的、符合现代科学技术发展趋势的、适应社会发展需要的和有利于为他们的人生建造知识大厦永久基础最必需的内容，即这些内容既要满足社会可持续发展的需要，又要满足学生个体自我发展的需要。例如，当前在教学中提倡的进行"真实"问题的学习，以自然现象或社会生活中的有关科技问题为学习主题，让学生在尝试解决这些"真实"问题的过程中学习科学知识，形成科学技能的态度，而不是像过去那样只讲概念定理与原理，只做标准化习题，与现实世界完全脱离。只有这样，才能被儿童理解与接受，才能符合他们科学启蒙的需要。

现代儿童科学教育的开放性还体现在探究结果的表述上，对同一个问题，不同的人完全可以得出不同的结论，儿童可用自己擅长的方式表达探究的结果。例如：

教师引导学生探究了昆虫,最后让学生说说什么是昆虫,实质就是要求学生把握昆虫的基本特征,表述他们在探究昆虫之后得出的结论。有的学生用口头语言说出来,有的学生用书面语言写下一段文字,有的学生列出一张表格,也有的学生画了图,还有的学生干脆拿出一个自己用毛线、零碎布角和细铁丝扎成的实物模式!所有这些方式都应受到赞扬和鼓励,这种表达不仅有利于活跃课堂气氛,增强学生兴趣,优化科学探究活动效果,有利于促进学生相互交流和理解,取长补短,逐步形成科学探究的技能和能力,而且还有利于培养和开发学生的想象力和创造的潜能。科学本身是革命的、开放的,这种理念反映了科学对于科学教育的呼唤。

4. **儿童科学教育评价应重在促进科学素养的形成发展功能**

儿童科学教育是以培养儿童科学素养为宗旨的科学启蒙教育。因此,儿童科学教育评价要重视了解儿童实际的学习和发展状况,促进学习,最终实现科学教育宗旨,即提高每位儿童的科学素养。

国际科学教育这几年的发展趋势是以培养和发展儿童的科学素养为目标,全面关注学生科学教育情感、态度、价值观、知识、技能、方法、能力行为和习惯的培养,在科学教育的评价上,出现了内容全面化的趋势。国内从理论的传统学科教学发展到 20 世纪 80 年代注重学生科学方法与能力的培养,90 年代 STS 理论的引进的综合理科出现,90 年代末,从传统的理科学科发展和科学课程,这一系列化与国际科学教育的发展趋势基本上是同步的,儿童科学教育是以培养儿童科学素养为宗旨,因此在教学内容上已注重学生多方面素质的培养,包括情感态度与价值观领域、科学式探究领域以及科学知识领域都提出了具体的内容标准要求,与此相对应科学课程的学科教学评价必须关注上述各个方面,在内容上出现全面化趋势。此外,科学教育评价方法要多样化,可以采用原来有的书面测验以外,还应包括教师的现场观察、访谈、轶事记录、专题作业分析,以及学生学业档案、评定量表、学生的自评、互评等。

二、儿童科学教育的目标

实施科学教育通过制定科学教育目标或标准体现宗旨、指导思想与目的。参照《科学课程标准(3—6)》,儿童科学教育的总目标是:通过科学学习,知道与周围常见事物有关的浅显的科学知识,并能应用于日常生活,逐渐养成科学的行为习惯和生活习惯;了解科学探究的过程和方法,尝试应用于科学探究活动,逐步学会科学地看问题、想问题;保持和发展对周围世界的好奇心与求知欲,形成大胆想象、尊重证据、敢于创新的科学态度和爱科学、爱家乡、爱祖国的感情;亲近自然、欣赏自然、珍爱生命,积极参与资源和环境的保护,关心科技的新发展。

由此可见,儿童科学教育的目的不在于将每个人都培养成科学家,它的使命在于提高下一代公民的素质,培养科学素养,帮助儿童更好地理解和运用科学解决个人与社会问题。

为了完成这个任务,《科学课程标准(3—6)》进一步以及分目标的形式,勾画了小学科学素养的大致轮廓(见图7—1和表7—1)。

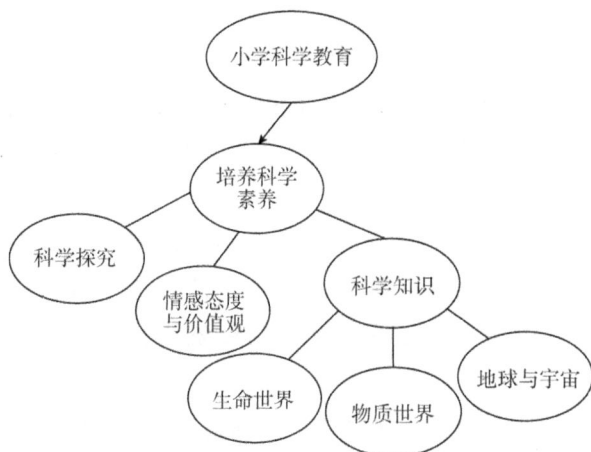

图7-1　小学科学教育设计思路

来源:陈华彬、梁珍编著《小学科学概论》第12页。

表7-1　《科学课程标准(3—6)》具体内容标准

科学探究	情感态度与价值观	生命世界	物质世界	地球与宇宙
・认识科学探究 ・提出问题 ・猜想与假设 ・制订计划 ・观察、实验、制作 ・搜集整理信息 ・思考与结论 ・表达与交流	・正确对待科学学习 ・正确对待科学 ・正确对待自然 ・正确对待科学、技术和社会关系	・生物的多样化 ・生命的共同特征 ・生物与环境 ・健康生活	・物体与物质 ・运动与力 ・能量的表现形式	・地球的概貌与地球的物质 ・地球运动与所引起的变化 ・天空中的量体

来源:陈华彬、梁珍编著《小学科学概论》第13页。

下面我们讨论科学素养在教育目标方面的含义:

科学素养是目前世界各国科学教育的最主要目标,对它的理解直接关系到科学教育的正确定位。20世纪40年代以前,人们理解的科学素养是指"会读能写"。

如《英语教育词汇》将其解释为：① 识字；② 读写能力。《西方教育词典》将其解释为："一个人的读写能力和他所属的集团或文化对他所期望的读写能力。"

1958 年，美国斯坦福大学荣誉教授赫德在一篇名为《科学素养：它在美国学校的意义》的文章里，第一次用科学素养这个名词来描述对科学的理解，并把科学技术与社会的关系作为重要的问题提出。1970 年，赫德对科学素养的概念选择了"科学启蒙"这个词，认为科学教育的广义目的是培养一个启蒙的市民，能够使用科学的智力资源去产生一个有利于人类发展的环境。一个有科学素养的人应该理解科学事业，认识科学知识是不断发展的，通过有效的途径知道一些主要的概念、假说、定律和理论，认识科学中系统研究的价值，认真探索过程和概念、定律和理论的关系，用文化、社会和历史的观点看待科学事业的需要，认识科学繁荣的文化条件与科学事业的普遍性。

目前，人们认为科学素养主要包括：科学知识（概念、定律、理论等）、技能、科学方法、科学过程、过程技能与思维方法、价值观、解决社会及日常问题的决策、创新能力、"科学——技术——社会"及其相互关系、科学精神、科学态度、科学伦理与情感，等等。

有专家把科学素养划分为方法论的、专业的、通用的、技术的、业余的、新闻报道的、科学政策的等。小学科学讲的科学素养主要指通用的，即一个社会公民应该具有的一般的科学素养，包括对待事物的科学态度、理解和掌握科学方法；形成运用科学技术能力，尤其是创造能力；合理的科学基础知识三个方面。

三、儿童科学教育的主要途径

1. 儿童科学课程的教学

科学课教学是儿童科学教育的重要途径之一，是学校组织一整套儿童科学教育所需要的学科门类，有目的、有计划地对儿童实施科学影响的教育，它的专业性、系统性是其他途径无可取代的。

教师要真正能够了解每一个不同的儿童，真正能够了解儿童科学学生的实际状况，从而切实有效地给予儿童所需要的指导和帮助。尽量使科学课的教学富有儿童的情趣，诸如选择儿童乐于探究的事物作为教学内容，选择儿童喜闻乐见的活动形式，使用儿童易于理解的表达方式，营造儿童喜欢的课堂氛围，采用图文并茂且富有动感的电化教育手段等，儿童科学教育因儿童的特点，更具艺术性。

2. 儿童科技活动

儿童科技活动是儿童科学教育中的一个重要组成部分，是素质教育的重要阵地,这里指的儿童科技活动虽然并不排斥课堂上的科学实验活动,但主要的是儿童在课外由学校、社会及其他机构组织,在教师、家长及社会各方面人员帮助下完成的一些有关科学教育的活动。

我国的儿童课外科技活动始于新中国成立初期,50多年来,特别是改革开放以来,我国青少年科技普及活动取得令人瞩目的成就。它已成为我国基础教育中必不可少的内容,它对发展我国儿童科学教育,培养和造就一大批有志向的科技工作者作出了巨大的贡献。根据赵学漱等人的研究,已有成就的科技人才大都经历了这样的发展过程:由好奇和兴趣参加了一些活动,逐渐在活动中产生了学科兴趣,开始热爱这个学科,主动钻研这个学科,进一步对这个学科发展前景产生兴趣,对这个学科在祖国建设或人类进步中的作用有了进一步的认识,对未解之谜或科技设想产生追求,于是形成了学科志趣,这种志趣又和祖国及人类相联系,便形成了科学志向、科学理想。这项实验研究还表明,小学中年级是培养科技兴趣的最佳年龄。小学开展科技活动易于造就科技特长儿童。

但我们不得不看到有些少年宫、少科站及学校的兴趣小组有意无意地只是把注意力放在一部分优秀学生或对某一学科特别感兴趣的学生身上,而忽视了广大的一般学生等。我国在小学科技活动领域里改革的空间还很大。因此,科技部及教育部在青少年科技活动纲要中强调指出:"科学技术普及活动必须面向全体青少年,提高他们的科技素质,使每一个人在其原有的基础上都能得到一定程度的发展,帮助每一个人获得步入现代经济和社会生活所必需的科技能力。无论是在校内还是在校外,科学技术普及活动要尊重、爱护和关心每一个青少年,要采取适当的方式,来满足不同地区、不同知识背景、不同接受水平的青少年的需要,使全体青少年都能够参加科学技术普及活动。"这是一个提纲挈领的重要教育思想,也是目前我国小学科技活动指导思想之一。

小学科技活动的形式可以是多种多样的,有专题的研究、课外科技兴趣小组、科技夏(冬)令营、搜集信息、现场考察、情景模拟、科学制作、种植饲养、科学游戏、信息发布会、报告会、交流会、科学幻想等。

四、儿童科学教育的要求

儿童科学教育必须是科学的,我们要以科学的方法和科学的态度进行科学教育,违反科学本性的那种教育不但培养不出科学的思维和方法,反而会扼杀科学精神和对科学的兴趣,所以科学要以呼唤科学精神和科学方法进行科学教育,对于儿童的科学教育,我们可以从以下几个方面进行努力,引领儿童亲历科学。

（一）科学精神

科学对人类的功能绝不只是能为人类带来物质方面的利益，那只是它的副产品。科学最宝贵的价值是科学精神。它是个人的、社会的重要精神财富，它对于促进人的良好个性品质的形成和社会的进步起着十分重要的作用。科学精神有狭义和广义之分。狭义的科学精神是指科学家处事立业的方式和态度，是他们世界观、人生观、价值观的重要组成部分。广义的科学精神是指全社会的一种价值取向，一种对待自然、社会和自我以及真善美等精神产品的态度。

根据中国科协青少年辅导员协会提出的一个指导思想"求实、创新、协作、献身"，科学精神可包括：

1. 求实精神

科学认为世界是不依人们主观意志决定的客观存在，科学活动要求人们从事各种物质创造活动时应该遵循"实事求是"的态度，要求正确认识客观世界的运动，因此，客观唯实、追求真理是科学精神的首要要求。赫胥黎优美地表达了同样的思想："要像一个幼小的儿童那样坐在事实的面前，准备放弃所有的先入之见，并且谦恭地跟随着自然，无论它把你领到什么地方甚至什么学渊……"科学是完全效法自然的。

在儿童科学教育中，尊重事实是实事求是精神必不可少的关注点。儿童在他们之间谈论时，会观察到有些证据的观点不可信。"你怎么知道那是正确的"、"证实它"是儿童私下讨论经常出现的问题。教师应把这种尊重事实的态度推广到新的证据，同样对于儿童的科学理解能力的提高也是不小的进步。

2. 创新精神

事物是不断发展的，人们对于客观世界的认识也是永无止境的。如果说求实精神深刻反映了人们对客观规律的探索与尊重，那么创新精神则充分体现了人类特有的主观能动性。从实际出发，尊重客观规律，并不是要人们墨守成规。科学精神倡导新思维和开拓精神，鼓励人们在尊重事实和规律的前提下，敢于"标新立异"。这是科学精神的本质要求。科学史上重大的发现无不是一种创造性思维的结果。比如，"场"的概念的建立、"黑洞"的发现等。实践证明，思维的转变、思想的解放、观念的更新，往往会打开一条新的通道，进入一个全新的境界。一部科学史，就是一部在实践和认识上不断开拓创新的历史。

那么，怎样在儿童科学教育中培养儿童的创新精神呢？20世纪40年代，陶行知先生所呼吁的儿童"六大解放"至今很有启示。这"六大解放"是：① 解放儿童的头脑。冲破一切旧传统的束缚，使他们能大胆地想。② 解放儿童的双手。使他们能干,能接受头脑的命令大胆地干。③ 解放儿童的眼睛。使他们能清楚地看,看清楚事物的本质。④ 解放儿童的嘴。使他们能大胆地讲,大胆地问。⑤ 解放儿童的空间。使他们能到大自然、社会中去摄取营养,扩大知识面,激发创造情思。⑥ 解放儿童的时间。使他们有时间学他们所爱学,干他们所爱干。

3. 协作精神

科学从一开始就是一个共同的事业。随着近代科学的诞生,"科学共同体"也随之诞生。"科学共同体"实际上就是科学家的集体。共同的信念、共同的研究对象、共同的概念把他们结合在一起,所以协作实际上是科学共同体所产生的一个规范。不管这个共同体是大是小,比如爱因斯坦的相对论、彼尔的量子学派,一个学派的内部要形成一个共同体。一个学派内部要协作,学派之间也要相互协作。协作已经成为科学家的共同规范。

一个知道科学需要合作与交流的孩子往往是幸运的孩子,他会因此而找到探究的兴趣与共事的伙伴;一个善于合作与交流的孩子往往是能干的孩子,他会因此而发展研究的能力并且从他人的反应中得到成功的认可或者失败后如何改进的启示;一个乐于合作与交流的孩子往往是成功的孩子,他会因此而学会科学学习乃至科学探究,并且从中享受到学习科学的乐趣。我们科学教师有责任使我们的学生成为幸运的孩子、能干的孩子和成功的孩子!

4. 献身精神

萨顿说过:"我越是思考就愈益确信,无私是最卓越的科学奋斗的基调。"这种无私充满着爱和献身的激情,没有这种无私和献身精神,我们很难解释科学史上的一些现象,诸如布鲁诺为日心说而赴汤蹈火,居里夫人为提取一丁点儿微量元素而投入难以想象的繁重劳动乃至牺牲自己的健康。儿童科学教育中能让儿童了解这种无私无畏的奉献,明白对事物探索的一种热情和持之以恒的态度,这对儿童的科学学习是有益的。

上面所讲的这些科学精神的内涵可以充分体现在包括科学活动在内的一切生活中,它们不只是科学精神,而且也是道德规范,培养儿童的科学精神,应当贯穿于儿童的日常生活中,最终把科学精神融入儿童个性之中。

(二) 培养儿童的科学方法

我们明白"授人以渔"强于"授人以鱼",因此,培养儿童的科学方法是儿童科学教育的基本要求,按一般科学哲学介绍,观察、猜想(提出假设、尝试错误等)、辩论(反驳、怀疑等)与思想交流等是主要的科学方法。

1. 观察

观察是科学认识的最基本活动,观察的核心地位是由科学的性质决定的。评判一项科学研究是否科学,首先不在于你的理论有多高深,而在于你的观察资料有多真实。观察对儿童而言,一生下来就会。但科学的观察要求用所有的感官去收集资料,但这不是只是"录入"的过程,观察是人们主动地、自觉地获取信息的手段,是一种客观理性的活动。具有良好观察能力的人,才有可能全面深入、正确地发现事物和现象的特征,抓住事物的本质,有时观察是通过测量而量化的,有时是通过比较而获得的,更准确地说就是与标准的测量单位比较而获得的,在培养儿童良好的观察能力时,我们要求应该具有以下几点观察品质:① 观察的目的性;② 观察的完整性;③ 观察的准确性;④ 观察的持久性。在小学阶段,科学中的观察教学基本达成两个教学目标:一是让孩子们学会怎样获得可靠的事实;二是让孩子们能够学会发现不同的事物之间存在的联系,尽管他们对这种联系的确切解释还不能完成。

在具体观察过程中,教师尽量鼓励孩子们主动、独立,尽可能利用自己的感官,以各种方法观察。教师的指导作用在于引导儿童把观察的对象、观察到的现象、观察的过程、观察的方式及发现的秘密,尽量完整、真实地描述出来,促使他们认真、细致、全面、反复地观察,达到观察的要求,让儿童在观察中学会观察。

2. 提出猜想

科学创新起始于大胆的猜想和卓越的预见能力,科学远不只是对所观察到的现象进行说明。提出聪明的猜想或预言,也是科学家工作的重要组成部分,他通过提出"如果……又会怎样?"这样的问题来设计研究的路子提出猜想,然后进行检验。有许多科学猜想,比如苹果为什么落地?"哥德巴赫猜想",这种猜测过程,对于科学发现往往是非常有作用的。布朗诺基曾说过:"能提出一个不切题的问题,你就离得到切题的回答不远了,这是科学的本质。"

"猜想"是科学研究的第一步,猜想假说的提出,是儿童通向科学理论道路必要环节,猜想把它提升一步便是假说。假说有一定的推测性,是一种思维中的想象,是对外界各种现象的猜测和推断。提出假说,除了要有发达的理论思维能力和足够丰富的知识素养以外,还要求具备在困难中发现问题症结的能力。提出假说的能力是科学才能的重要标志。

在培养大胆猜想的基础上,还要让孩子们懂得大胆的猜想不是目的,只是手段。要达到目的,还要有严谨的实验证明过程。胡适讲过:"大胆假设、小心求证。"仅仅会大胆假设的人,可能是莽撞,可能既没有根据,也没有对结果的充分的估计,更没有对实验成功的可能性大小和影响因素的分析,这是不负责的胡乱的行动,不是科学的行动。有人认为鼓励孩子们大胆猜想,是培养创新精神的重要方法,这无疑是正确的。因此,在鼓励学生大胆假设的同时,要强调假说的经验根据或理论根据。教师要向学生多问几个为什么。对学生提出的不合理的假说,应该进行详细的分析,要建设性地提出修正建议,既不能妄加赞扬,也不能轻视或嘲笑。如果没有科学的方法的指导,创新的想法可能没有结果,也可能是非理性的破坏作用,总之,还需通过假说验证活动,培养学生勇于探索真理、不怕挫折的精神和随时准备纠正错误的态度。

怎样鼓励儿童猜想,培养儿童猜想能力呢? 有人提出了一种儿童科学猜想游戏,这种游戏可以锻炼儿童的猜想力,可以鼓励儿童激发积极地探索、判断和猜想,当然猜想不只在游戏中存在,凡是涉及因果关系的地方都存在猜想,而因果关系可以说无处不在。因此,培养猜想能力不只可以在游戏中,在谈话、讨论、观察、实验、推理过程等活动中,都有猜想,都可以培养儿童的猜想能力。

3. 交流与思考

交流与思考是交织在一起的,交流是双向的,它是学校里最易受到忽视的一门技能,不过交流的艺术只有通过实践才能学到,一方面是利用语言、文学、图画或手工制品,把观点告诉他人;另一方面是从他人或其他来源听取和发现证据以及他们的观点。有效的交流必须清晰、系统地呈现信息,并能符合信息形式和接受者类型的交流方式。这就需要了解各种交流的习惯方法,如表格、图表、符号等。同时,交流也包括利用笔记和记录与自己交流。帮助儿童开展辩论、交流思想,这就要求儿童有自己独立的思想,并且要有一定的概念化、判断、推理等逻辑思维能力,而且还对儿童的社会交流兴趣的能力提出要求,开展健康的交流和思考不只是方法的问题,而且还涉及科学精神。在此教师最重要的任务之一,是让每个学生都有机会进行思考,让儿童学会正确表达自己的想法,并能够分享其他交流的观点,知道如何报告自己的探究结果,教师如果总是讲、总是坚持学生使用正规的教科书语言,必然会妨碍掌握交流的技能。

多元主义方法论倡导"怎么都行",要求科学研究在方法上不要自我禁锢,对一切方法采取一种宽容而不是敌视的态度,从这一思想出发,教师应鼓励儿童尝试用一切方法来与自然环境相互作用、相互交流,以最大胆的方式、最广泛的途径来理解自然界。

最后,让我们以科学课程标准的一段话作为结语:"细心呵护儿童与生俱来的好奇心,培养他们对科学的兴趣和求知欲,引领他们学习与周围世界有关的科学知识,帮助他们体验科学活动的过程和方法,使他们了解科学、技术与社会的关系,乐于与人合作,与环境和谐相处,为后继的科学学习、为其他学科的学习、为终身学习和全面发展打下基础。"

◈ 阅读资料

孩子们的科学研究

格雷姆女士在五年级任教。秋天的一个上午,她班上的几个学生兴奋地将她拉到窗前,指着外面说:"看啊,操场上那三棵树怎么啦?"格雷姆女士看到那三棵并排生长的树,第一棵的叶子掉光了;中间那棵的叶子颜色参差不齐,黄多绿少;第三棵却是绿叶茂密。学生们问道:"这三棵树过去看上去是一样的,为什么现在变得这么不同呢?"格雷姆女士也无法回答他们。(表现好奇,从自己已有知识中提出问题)

格雷姆女士知道,按照课程计划,她的学生要到明年春天才学习植物,不过她认为这正是让学生去调查植物生长情况的好机会,因为问题是学生自己提出来的,所以会特别激励他们去寻求答案。虽然格雷姆女士并不十分有把握,但她还是决定尝试一下,让学生在她的引导下进行探究。毕竟他们去年观察过种子在不同条件下的生长情况,多少积累了一些探究的经验。于是,格雷姆女士说:"同学们,你们认为那三棵树为什么会变得如此不同呢?"立刻,学生们纷纷举手发言,提出了各自的看法:(提出初步的猜想或假设)

——与光照有关;

——一定是水太多的缘故;

——这三棵树现在不同,可过去它们看上去是一样的;

——秋季到了,有些树的叶子会比其他树掉得早一些;

——地下有有毒物质;

——三棵树年龄不同;

——有害虫吃树叶;

——一棵树比另两棵要老一些……

当学生列举出足够多的观点时,格雷姆女士便鼓励他们进一步思考:在这些看法中,哪些可以进行调查,哪些只是描述?然后,她让学生根据各自的看法分成不同的小组,例如"水"组、"季节"组、"害虫"组等。她要求每个小组制订计划,开展一次简单的调查活动,寻找证据来回答他们的问题。在学生制订调查计划时,格雷姆女士倾听他们的设想,并让各小组向全班同学说明他们的设想。通过这种迅捷、公开的现场评价,使学生反思自己应对问题的过程,完善自己的设想,提出更好的研究方法。(计划和实施简单的调查研究)

接下来三周,学生利用课余时间开展调查研究。各小组充分利用各种资源,搜集有关树木特性、生长过程及其周围环境的信息。

"树龄"组最快找到了问题的答案,他们跟学校有关人员取得联系,找到了购树的原始单据,并且到苗圃去核实,结果发现,这三棵树品种相同,树龄相差无几。对这样较早完成调查的组,格雷姆女士就请他们加入到尚未结束的小组中去。(通过观察搜集证据)

"水"组的学生几乎每隔一小时就察看一下三棵树周围的地面,他们轮流值日,并记录下各人的观察。他们记录的数据足以向全班报告:

"掉光叶子的那棵树几乎一直淹在水里;中间那棵有时淹在水里;而绿叶茂密的树周围地面潮湿,但从来没有淹在水里。"(根据证据进行解释)

有一位学生回忆说,以前他家栽种的天竺葵叶子变黄的时候,妈妈曾告诉他,这是由于水太多的缘故。"水"组学生读了一本名为《栽培健康植物》的小册子后,明白了当植物的根部被水包围时,就无法从周围空间获取空气,等于是被水淹着。根据自己的观察、他人的解释和从小册子中得到的信息,学生们推断:无叶的树完全被淹,中间那棵部分被淹,而第三棵则没有被淹。(考虑其他的解释)

"水"组继续工作,调查水的来源。他们发现,学校管理员一周有三次打开草坪洒水系统,开放时间太长了,过量的水流过草坪,汇聚到三棵树这边来。

最后,各个小组集中起来汇报调查结果。学生们发现:① 有些观察结果和所得信息,不能解释三棵树为什么会有差异,例如"树龄"组所做的工作;② 有些调查结果只能部分地说明观察到的现象,例如"虫害"组的工作;③ 对学生们来说,感到最合理、既符合观察记录又符合别的途径所得信息的,只有水太多这种解释。全班学生很满意,经过三周的工作,他们找到了一种合理的解释。在格雷姆女士的建议下,学生们给管理员写了一封信,告知他们的发现。管理员来到他们班上表示感谢,此后他注意控制好草坪洒水系统。最后,格雷姆女士问学生,怎样才能证明他们的解释是正确的呢? 学生讨论后说,那就只有等到明年了。(交流解释)

来年同月,格雷姆女士班上的学生们看到这三棵树都挂满了绿叶,就更加坚信他们得出的结论有效地解释了他们的观察。(检验解释)

案例来源:《科学(3—6年级)课程标准》

分析:这个国外的案例展现了科学的几个重要特征,即首先注意到一个现象后,产生好奇心,然后寻求答案,揭示了科学的本质。它不在于已认识的真理,而在于探索真理,与"理解科学"的科学教育新理念相契合。

🔄 **思考题**

1. 名词解释:科学、科学教育。

2. 怎样理解儿童科学教育与人的全面发展方面的意义?

3. 儿童科学教育的基本理念、目标定位是什么？

4. 请任选一个案例进行评论。

5. 试结合当前儿童科学教育现状，谈谈实施儿童科学教育的理念的几个问题。

6. 试以一堂科学课为例，谈谈你对小学科学课教学的有关认识。

第八章　儿童艺术教育

📤 明年中小学测评艺术素质 结果供中高考录取参考[①]

人民网北京 1 月 26 日电（记者林露 实习生曹嘉馨）近日，教育部发布关于推进学校艺术教育发展的若干意见，提出 2015 年开始对中小学校和中等职业学校学生进行艺术素质测评。

测评结果作为中高考录取的参考依据

意见提出，各地要建立中小学学生艺术素质评价制度。依据普通中小学艺术课程标准和中等职业学校公共艺术课程教学大纲，组织力量研制学生艺术素质评价标准、测评指标和操作办法，2015 年开始对中小学校和中等职业学校学生进行艺术素质测评。艺术素质测评纳入学生综合素质评价体系以及教育现代化和教育质量评估体系，并将测评结果记入学生成长档案，作为综合评价学生发展状况的内容之一，以及学生中考和高考录取的参考依据。

艺术教育纳入学校办学水平综合评价体系

意见还提出，要建立学校艺术教育工作自评公示制度。要将艺术教育纳入学校办学水平综合评价体系。中小学校和中等职业学校要以艺术课程开课率、课外艺术活动的学生参与度、艺术教师队伍建设、学生艺术素质为重点开展自评，自评结果应通过主管教育行政部门官方网站向社会公示。高等学校要把艺术教

---

① 林露，曹嘉馨.明年中小学测评艺术素质 结果供中高考录取参考[EB/OL].http://edu.
people.com.cn/n/2014/0126/c1053－24233367.html

育纳入学校教学质量年度报告。

各地须开齐开足艺术课程

意见要求各地严格执行课程计划，开齐开足艺术课程。义务教育阶段学校根据《义务教育课程设置实验方案》开设艺术课程，确保艺术课程课时总量不低于国家课程方案规定占总课时9％的下限，鼓励有条件的学校按总课时的11％开设艺术课程，初中阶段艺术课程课时不低于义务教育阶段艺术课程总课时的20％。普通高中按《普通高中课程方案（实验）》的规定，保证艺术类必修课程的6个学分。中等职业学校按照《中等职业学校公共艺术课程教学大纲》要求，将艺术课程纳入公共基础必修课，保证72学时。普通高校按照《全国普通高等学校公共艺术课程指导方案》要求，面向全体学生开设公共艺术课程，并纳入学分管理。

今年各地须提交艺术教育发展年度报告

意见明确，要建立学校艺术教育发展年度报告制度。2014年开始，省级教育行政部门和部属高等学校要向教育部提交学校艺术教育发展年度报告，内容包括艺术课程建设、艺术教师配备、艺术教育管理、艺术教育经费投入和设施设备、课外艺术活动、校园文化艺术环境以及实行学校艺术教育工作自评公示制度等方面的情况。2015年开始，教育部将编制并发布全国学校艺术教育发展年度报告。

随着我国社会经济和教育事业的蓬勃发展,特别是随着素质教育的不断向前推进,近年来我国儿童艺术教育也取得了有目共睹的成绩。以上人民网这则新闻并不是单纯的事件,它与人们生活水平的提高、追求完美和人格的培育有很大关系。艺术教育是人类特有的一种社会文化现象,儿童艺术教育对于儿童个体成长、个性的全面发展以及人格的完善都有积极的作用。本章概括了艺术、艺术教育的基本含义,明确了儿童艺术教育的意义、目标、理念,为科学开展儿童艺术教育提出了要求。

第一节 儿童艺术教育概述

一、艺术的本质

"艺术"一词的意义,在人类早期,是被当做诸如造物、种植等生产过程中用来完成任务所采用的"技术"来加以认识的。在我国,"艺术"一词中的"艺",其本意有三个:技艺、艺术、种植。在西方,对"艺术"一词的界定,也较为含混。古拉丁语Ars 类似希腊语中的"技艺",意指完全不同的某些其他东西。它指的是诸如木工、铁工、外科手术之类的技艺和专门形式的技能。到文艺复兴时期,有一些艺术家,也把自己看做工匠。一直到了 17 世纪,艺术和美学概念才开始从关于技巧的概念或关于技艺的哲学中分离出来。英国史学家乔治·科林伍德解释为"优美的艺术并不是指精细的或高度技能的艺术,而是指美的艺术"。到 19 世纪,"艺术"一词在理论上完完全全从技艺中分离出来,人们去掉了 Art 的形容词,"并以单数形式代替表示总体的复数形式,最终压缩概括成 art"。

综上所述,"艺术"一词,无论在我国还是西方,在词源上都有相似的指令和界定,从强调"术"到注重"艺"是一个漫长的过程。随着社会的发展,人们对"艺术"一词的理解和界定,发生了深刻的变化,不仅在认识把握的广度上,对艺术有了全面体悟界定的实践,而且在艺术发展的深度上,也有了更新的深入发掘的实践。

关于艺术的概念,很多睿智的人曾试图解答这个问题,但从未令每个人都感到满意。据《辞海》解释,艺术是:通过塑造形象具体地反映社会生活,表现作者思想的一种社会意识形态,它包括三层意思:其一,艺术从某种意义上讲是一定的社会意识形态反映。一定的社会意识形态往往会成为一定的艺术主流。艺术与社会意识形态相互作用,艺术具有意识形态功能。其二,我们在研究艺术的概念时,还不得不承认,在人类社会中,意识形态艺术不是超时空唯一存在的艺术形式。艺术在本质上关注的是人的心灵。正如黑格尔所说,艺术就是独立人的"丰富的心灵活动"。柏拉图也认为艺术是艺术家个体灵感活动的产物。因此,艺术也是精神文化的创造行为。其三,黑格尔说艺术是"理念的感性表现",也是有一定道理的。艺术也是人类个体或群体按照审美的或反审美的规律,进行以创造为中心内容和目的的精神性实践活动。

那么,艺术的本质是什么?马克思认为,艺术的掌握方式不只是对客观世界的反映,更是对主观感受的表现,它通过创造美的形象来再现审美对象和表现审美意识,因而艺术掌握的过程实际上是美的创造的过程。这是艺术的掌握方式的最基本特征概括。在马克思眼中的艺术是一种专门表达人对客观现实审美体验的物品,换句话说,艺术就是用物质的形式来表现人对世界审美感受的东西,是人对现实的审美体验的物化和外化。因此,马克思十分重视艺术的审美功能,认为艺术必须具有美的魅力,应当给人以"艺术享受",而且只有艺术品才能"创造出懂得艺术和具有审美能力的大众"。显然,马克思把发挥审美价值和功能视为是艺术的必备素质和重要使命。因此,艺术的本质是审美的,艺术是掌握美的世界的方式,不仅如此,艺术的价值及其功能都应与审美联系在一起,这是我们艺术教育的理论基点。

二、艺术教育的界定

艺术教育适应于人们延续艺术文化、传播社会艺术知识,表达内心情感、满足审美需求的愿望而产生,并随着人类的进步和社会的发展而渐趋成熟。艺术教育属于教育范畴,作为一种重要的教育门类,艺术教育以其独特的方式发展和完美人的精神与肉体,促进着人类文明程度的提高。因此,艺术教育是以教育为手段,向儿童传授艺术知识和技能,发展和传播艺术文化,以艺术为媒介,通过艺术教育,培养学生高尚的道德情操、审美情趣、审美能力,发展智力和创造力,获得一般教育学意义的功效。

如前所述,艺术的本质是审美的,那么我们的儿童艺术教育应该是审美教育。审美教育又称美育,是全面发展教育的重要组成部分。它是运用艺术美、自然美和社会美培养受教育者正确的审美观点和感受美、鉴赏美、创造美的能力的教育。在理论上对两者的关系进行探讨,对于美育和艺术教育的理论研究和实践改革有着重要意义。

作为普通教育一部分的艺术教育是美育的主要途径，它在根本性质、目的和任务等方面与美育是一致的。它们的目的不是培养专业大家，儿童艺术教育着眼于使孩子从小喜爱艺术，形成一种终身追求、参与艺术活动的取向，并为他们全面、持续的发展提供良好的艺术素养，服从于儿童全面发展的总体教育目标，在这个根本意义上艺术教育与美育是一致的。此外，有计划有目的有指导的艺术教育是美育的最佳途径，这种内在统一性决定了它们的一般任务又是激发和提高审美兴趣的需要，发展审美能力，培养健康而高尚的审美趣味和审美观念。

但艺术教育又有着自己特殊性，从学科的严格意义上说，审美是一个包含了艺术，又不仅仅等同于艺术的概念。例如，自然景观属于审美范畴，但它不能被称作是艺术。从这个意义上讲，美育的范围比艺术教育宽，它不仅包括艺术教育，还包括景观美育等方面。从内涵上讲，审美教育更具有哲学意味，同德育、智育、体育相并列，是艺术教育的基础层面，而艺术教育则相对是美育的一种重要的形态，更具有课程的意义。所以，在普通教育中，美育决定了艺术教育的性质、功能、规律和方法，成为艺术教育的基本导向，也就是说，艺术教育首先主要是美育。另一方面，美育也并不能完全涵盖艺术教育。审美是艺术的一个重要的基本属性，但是，艺术的内涵和外延都比审美宽。一个显而易见的事实是，在审美中，认知、道德等社会文化因素是隐含的，而在许多艺术作品中，这些社会文化因素可能是相当突出的。特别是在文学思潮和文学作品中，思想内涵往往占据着比审美更突出、更重要的地位。所以，在文学或其他的艺术史上，众多作品之所以成为名作或经典，并不仅仅是因为其审美价值，有的甚至主要不是因为其审美价值，而主要是因为其思想或文化或文体等方面的价值。

在我国教育界，目前有美育和艺术教育两种说法，具体实践中是把艺术教育作为美育的重要途径来对待。而目前在许多发达国家，美育的提法要比艺术教育少见，艺术教育的范围却有了很大的拓展；同时，景观教育作为另一种教育课程单独列出。可见，在学校教育的实践层面上讲，美育同艺术教育有相当程度的重合性。但是，我们对于艺术教育的美育性质以及艺术教育自身的特殊性重视和研究不够，在实践中经常可以见到艺术教育偏离美育轨道或对艺术教育特殊的育人功能重视和发掘不够等问题，这应该引起关注。

因此，就儿童艺术教育来说，具有如下两个质的规定性：首先，艺术教育从本质上说是一种审美教育，而且只有当艺术教育真正遵循着艺术与艺术教育自身的规定来实施时，艺术教育才能成为审美教育，就是说儿童艺术教育必须突出艺术的或审美的特点，它是审美化、艺术化的教育，而不是一种科学知识或思想道德的非艺术的教育。其次,儿童艺术教育不是面向少数尖子的专业艺术院校的教育,也不是职业培训教育,而是基础教育的艺术教育,这就意味着,儿童艺术教育是一种面向全体学生的基本素质教育。

三、儿童艺术教育的意义

儿童艺术教育的意义主要不在于技巧训练,而在于以艺术为手段,使儿童的那种活泼、自由、纯真的天性进一步得到解放。具体地说有以下几个方面:

(一)促进儿童道德品质的发展

艺术教育这一作用根源于美与善的内在联系,凡是美的东西,一定是善的。席勒早就说过:"最终而言,有道德的人不是国家工具造就的,只有打开艺术之泉,通过艺术之泉的浇灌,才能培育出有道德的人。"通过创造和欣赏美好的事物和艺术品,人的情感就会结晶成美好的形式,这一美好的形式进一步对人的行为起到规范作用,使之成为一种有道德的行为。艺术教育是一种感知的理解,情感与个人理想统一的精神活动,它以鲜明的艺术形象生动地反映并影响儿童的思想情感。任何德育如果没有感情的基础,只能是空洞的说教。儿童艺术教育中的德育作用,并不是通过说理、强制的方式,而是通过优美的艺术形象潜移默化地产生。艺术自身的魅力会激发儿童积极向上、奋发进取的精神力量。这种熏陶和感情有"随风潜入夜,润物细无声"的境界,正如苏霍姆林斯基在《给儿子的信》中所说的:"美,首先是艺术珍品,能培养细致入微的性格。"除此之外,它能使儿童具有发现和创造美好生活的基本能力,从而努力追求高品质的生活、高境界的人生。这一点不仅是儿童个体生活幸福的需要,也是现代社会发展向教育提出的时代要求。现代社会的特征之一,就是财富增长,闲暇时间的空前增长,而且随着社会的发展,这一特征将日益强化,按照心理学家马斯洛的观点,人类个体在基本需要得到满足的前提下,真、善、美等追求将成为主导性的心理需要,忽视这一超越性需要,就会产生现代人常见的空虚、无聊、寂寞等心理疾病,所以,我们在关注儿童艺术教育促进儿童的全面发展时,我们很难无视人生趣味和境界的最终目标。总之,儿童艺术教育在美化身心的同时,使儿童懂得了如何做人,不仅是心灵美的人,而且是道德高尚文明的人。

(二)促进儿童智慧的生长

艺术教育可以扩大学生的知识视野,促进科学知识的增长,艺术教育能够以美传真,学生在把握艺术美的过程中,也了解自然、社会艺术的科学知识,因为美与规律、与本质有内在的联系,美不仅传真,而有助于探索规律,获得新知。对此,原苏联美育专家德米特里耶娃有精辟的说明:"古代的人们不仅在自己的艺术上获得种种成就,而且在自己的赋有无比诗意色彩的哲学和科学方面获得相当的成就,就应该归功于高度发展的美感。德谟克利特关于原子的推测,赫拉克利特的一些说谎证的箴言,在某种程度上,也都是美感的想象。它们在当时还不可能被科学实验的资料所证实,因为必须经过几个世纪以后,才有可能作出这种证实,希腊人还不会分析物质世界的复杂结构,可是,他们却以审美的嗅觉,猜到了物质世界的某些根本的、普遍的规律性。"在古代是如此,在当今更是如此,许多科学发现是从审美方面取得的。学生对于新知识的学习与探索,也是如此,在对于美的热爱与追求中,能够掌握新知和发现新知。

不仅如此,艺术教育还具有启迪智慧的作用。智慧,不同于智力,智力是一种先天的心理能力,可以通过智商测验确定智慧也不同于当代美国心理学家加德纳的多种智能,甚至也不是上述智能相加之和,与智力相比,智能不仅靠先天能力还与后天的创造活动、经验作用以及实践领悟活动有关。但智能仍然不是智慧,智慧除了包括智力和智能外,还包括一种健全的生活态度、健康的信仰、丰富的情感体验、深刻的思想和观念,智慧是在上述诸种要素,包括感知、想象、理解、思想观念之间频繁交流、对话、合成后生成的本质。艺术教育与竭力排除主观感受的科学认识不同,智慧同时涉及内外两个世界,在领悟对象时,一刻也不能脱离自我感受,否则无法把握对象的神秘的活力。在这一方面,儿童艺术教育对提高儿童的智慧是举足轻重的,因为艺术不仅涉及人的智力和智能,还涉及人生活和斗争中积累的情感体验、思想观念等,更重要的是艺术最容易使这一切要素恰当融合,在与外在世界不断对话中,突出一种新质,使我们把握到最后的真实,在这样的时刻,美好东西与真的东西合并为一体,有助于人们用新的方式来看待和把握人生。

(三) 促进儿童身心的发展

这一个作用根源于美与健的内在联系,艺术教育可以促进儿童的身体健康发展,音乐是心灵的"体操",现代音乐注重音乐与身体运动的结合,达尔克洛兹教学的特点就是注重音乐与人体运动的结合,被称之为"体态律动"、"和乐动作"。音乐、诗歌和舞蹈的结合,是欧美当代音乐教育的一大趋势。国外研究表明,儿童画画具有超社会的生物性机能,有助于儿童自身各种机能的发展与完美。

艺术教育在某种意义上成为儿童参与体育活动的动力。随着儿童对审美的敏感和对形体美的追求,参加健身运动行列的儿童愈来愈多,体育运动就是一种健与美相结合的造型艺术,被誉为"形体的雕塑"已被各国教育家公认,苏霍姆林斯基认为"美是道德纯洁、精神丰富的气体,健全的强大源泉"。

艺术教育还有利于儿童心理健康发现,现代医学心理学研究表明,艺术可以促进个体的心理平衡,防治心理疾病,"绘画疗法"、"音乐疗法"已广泛应用于临床,实践已证明艺术是一种消除精神上的不良体验,使人获得放松,修身养性的健身活动。

(四) 提高儿童的艺术修养

儿童艺术教育是对儿童实施美育的主要途径,儿童艺术教育最直接的意义就是提高儿童的艺术修养,它包括以下三个方面。

1. 树立正确的审美观

审美观即人在社会实践活动(主要是审美活动)中形成对美、审美、美的创造与发展等问题的基本观点。由于儿童的家庭背景、生活经历、思想倾向、审美素养不同,他们的审美观也不相同。儿童艺术活动中,会自觉或不自觉地坚持某种审美观点。问题在于他们有的观点正确,有的不正确;有的高尚,有的低级。有些儿童以洋为美,以奇为美,以奢为美,甚至把一些格调低下的艺术作品、腐朽的生活方式、庸俗的思想作风当做时髦去追求,其原因之一,就是因为缺乏正确的审美观点。所以,在艺术教育中,主要是通过对艺术作品中反映出来的自然美、社会美、艺术美的内容与形式的感受、鉴赏以及艺术创作(完成作业)过程中的审美情趣的流露与审美理想的追求得以实现。总之,儿童艺术教育首要是使儿童树立正确的审美观,教育他们懂得什么是美的,什么是丑的,什么是高尚的,什么是庸俗的,能够对现实生活和艺术作品作出正确的判断。

2. 普及审美基础知识

我们通过艺术教育,加强对儿童审美基础知识和基本原理的教育,并在艺术欣赏中不断提高儿童鉴赏能力和审美能力,逐步把欣赏中的感性认识上升为理性认识。马克思指出:"如果你想得到艺术的享受,那就必须是一个有艺术修养的人。"艺术修养包括人的审美情趣和能力,它们都需要通过教育来培养,儿童艺术教育途径多种多样,就学校艺术教育来说,对儿童进行音乐教育,欣赏美妙动听的音乐,可以培养和发展儿童的听觉能力,培养音乐感,发展音乐美的表现力;对儿童进行美术教育,欣赏美丽的绘画,可以培养和发展儿童的审美视觉能力,使儿童能辨别色调、线条,懂得它们之间的和谐与统一;此外,对儿童进行的自然、社会领域的艺术教育都可培养儿童有关自然美、社会美的感知力和表现力,使儿童在艺术欣赏活动中,真正充分地得到艺术的享受。

3. 健全审美心理结构,培养儿童的想象力与创造力

儿童艺术教育之所以在整个儿童教育中具有特殊功能,是因为它可以培养和健全儿童的审美心理结构,培养敏锐的感知力、丰富的想象力和无限的创造力,在

小学,艺术活动是儿童的一种高级精神活动,能极大地促进和提高儿童的想象力和创造力。爱因斯坦认为"想象力比知识更重要,因为知识是有限的……想象力是科学研究的实在因素",诺贝尔奖获得者,美国物理学家格拉素在回答"如何才能造化优秀科学家"的问题时,认为包括艺术在内的多方面学问可以提供广阔的思路。

第二节　儿童艺术教育的实施

在当前教育实践领域,艺术教育却存在很多误区:以知识、技能的训练和灌输替代儿童真切生动的体验和表达,成人式的思维、概念化的表达、整齐划一的作品使得儿童与生俱来的艺术感受能力逐步丧失;功利性的追求替代了艺术教育的正确目标,各种奖项及其带来的升学和择校上的优待,盲目跟风,办教育者对经济利益的追逐等倾向使得艺术教育偏离了它的宗旨;新观念、新的研究成果不能及时普及,理论和实践缺乏沟通,对不良风气的认识批判不够;等等。所以,儿童艺术教育的实施需要树立正确的理念。

一、儿童艺术教育的基本理念

艺术教育说到底是人的精神文明教育,或者简明地说,是"修养"的教育,是"灵魂"的教育,是"做人"的教育。儿童艺术教育应倡导的是一种生态式综合艺术教育,以培养学生人文素养和艺术能力的整合发展为目标,其基本理念与以往单科课程有所不同。

1. 儿童艺术教育要体现儿童性

儿童艺术教育,首先是一种儿童的教育,而后才是一种艺术的教育,是儿童的艺术教育,显出艺术教育的儿童性。这里的儿童性是指:在艺术教育过程中,教师和家长都要尊重儿童身心发展的规律,充分认识儿童的一般心理特征和智力发展水平,使艺术教育内容和方法等尽可能地适应儿童现有的发展水平。例如,在儿童绘画领域,儿童对画的喜爱与理解以及他们在画画时的表现方式,和成年人对画的理解与表现方式有着本质的差异。儿童画之所以赏心悦目,是因为这些画是儿童们心灵的写照。在此,我们的教育既要尊重和保护儿童的童心童趣,又要根据儿童发展阶段给予一定知识、技能技巧的学习,唤起他们追求美的自觉意识,开发艺术潜能,否则将欲速而不达,得到相反的结果。

儿童艺术教育的儿童性重点表现在儿童艺术教育应树立现代的儿童观。其次表现在儿童在艺术教育目标的构建、教育组织形式和方法设计、教学内容的选择、教育评价的确定都要从儿童的生活实际出发,因为教育是培养人的活动,人是教育的核心因素。传统的儿童艺术教育以课堂、教师、教材为中心,以考试为手段,以考分定终身,人在这种教育下是没有地位的,从某种意义上说,这是一种没有人、没有心的教育,它不可能调动人的主观能动性,更不可释放人的创造性,因此,儿童艺术教育必须以儿童为主。

2. 儿童艺术教育要回归儿童生活世界

把生活作为艺术教育的源泉,充分利用学生生活经验,引导学生加强艺术与日常生活的连接,丰富自己的艺术体验和感受,用艺术化方式表现生活、美化生活、提高生活境界,已成为教育界这些年最为热切的呼声。在对知识世界和规范世界的批判之下,让枯竭冷漠的教育回到真实、鲜活、丰富的生活中来,让它获得源头活水,这既是儿童获得可持续发展的前提,也是儿童作为一个生命体应该享受的权利。

要使艺术回归生活,就是要加强知识本位的艺术教育变成经验本位的艺术教育。艺术的核心是审美,审美作为人把握世界的一种方式,是以体验的方式存在的。体验是客体高度融合的状态,它诉诸人的情感,是即时的、真实的、独特的。每个儿童都是一个独特的生命体,有他的气质性格、天赋和生活史。这种体验可以以不同的语言——形象的、声音的、肢体动作等来加以表达,对于每一个儿童来说,都具有宝贵的发展和享有的价值。

要使艺术教育回归儿童生活,就要将艺术教育与儿童特有的、热爱的生活方式结合起来。游戏是儿童的基本活动,游戏与艺术有着内在的联系,想象和自由创造是它们的共同本性,让艺术教育以游戏的方式存在,既体现了对儿童权利的尊重,又发挥了艺术教育最大的发展效益。艺术与游戏,在儿童生命初期,本来就是一体的,角色游戏蕴涵着戏剧的萌芽,涂鸦蕴涵着绘画的萌芽,最初的生命律动蕴涵着舞蹈的萌芽……游戏愉悦与审美愉悦,有着极大的相似,它们都专注于过程,表现出超功利的特点,具有极高的享用价值。特别是象征性符号的使用,体现出艺术与游戏在心智方面也存在有机的关联。因此,用游戏的方式来设计、组织艺术活动,使儿童在游戏中得到快乐和成长,发挥创造的潜力,是当前艺术教育的一个重要走向。倡导游戏倾向的艺术教育应包含两层意思:一是把艺术学习与游戏活动结合起来;二是主张在艺术学习中渗透游戏精神。

3. 儿童艺术教育与人文科学教育相融合

儿童艺术教育不以单纯掌握知识为目标,试图改变艺术教育儿童机械模仿与枯燥训练技能的方式,把艺术知识技能的学习还原到一种完整的艺术情境中或把一定知识渗透到某个人文主题上,儿童围绕该人文主题展开轻松、愉快的学习。这种围绕人文主题的学习,使学生了解艺术的历史和文化内涵,又把艺术与文化、艺术与科学两方面作为教育内容标准,明确提出把艺术作为各种不同文化的符号性载体和人类文明发展一翼。努力实现感性和理性平衡,增强学生对多元化的认同感和意识,改变传统艺术教育中情感与技艺、人文素养与艺术专业知识分离的倾向,真实实现多艺术门类间的沟通和融合,使儿童形成综合艺术能力。

4. 强调艺术教育面向全体,关注个性

儿童艺术教育,应结合所有儿童公平接受艺术教育的机会,让每一个学生都有权享受人类创造的优秀艺术文化遗产,发展他们的艺术潜能,使他们从小喜爱艺术,具有用绚丽的画笔、美妙的声音、优美的动作为生活增添色彩的艺术能力。

面向每个学生,意味着艺术教育要注意每个学生不同的生活背景、学习环境,最大限度地调动他们的主体意识,为他们创造参与体验、主动探索、积极实践的有利条件,在内容设置、教育实施、教材编写等方面,考虑地域差异,提供了多种选择和发展空间,以及各种教育教学资料,并鼓励各地根据自己的特色、经济条件、文化资源等因地制宜地开展艺术教育。

面向每个学生,还意味着艺术教育要尊重每个学生的个性特点,鼓励他们大量进行个性化的艺术活动,帮他们认识自己独特性和价值,形成具有个性化的审美标准。对个性化艺术学习的倡导不仅有利于发展儿童独特的审美感知,提高其艺术能力,而且有利于儿童良好自我形象的确定,因为儿童自己创作艺术品是他们自我的拓展,也正是从艺术品中,儿童感受到自己是作为一个有独特个性的思维实体存在的,由此产生成就感,从而更好地认识自身的价值,改善自我形象。

5. 倡导生态式综合艺术教育

这是当前全新的艺术教育理念,它既尊重孩子的自然天性,又增进了适当的教育干预。艺术教育要造成人的一种开放的、艺术的、可持续发展的创生性智慧、结构,其途径是不断通过与异质事物的对话,达到自我更新和自我超越,由此"存异"就成为最可贵的教育资源,相对于必经的"求同",显然"存异"更能体现艺术的个性、独特性和创造性,"对话"在此成为一个关键概念。对话突出的特点是对"中心意识"的消解。对话是把人与人之间的关系还原为一种存在的交往关系,一种民主、真诚、充满爱心和富有智慧的关系,对话法在艺术教育中得到广泛认同,在艺术活动中,有人际对话——教师与儿童坦诚自己的感受和体验,尊重相互的观点和想法,在相互激活与交流中获得快乐;有儿童与艺术作品的对话——让儿童打开感官和心灵,直接面对人类历史优秀的艺术作品或者大自然,真切地去感受和体验,并学习用各种方式来表达;有自我的对话——对内心感受进行表述、反省。

学校艺术课程从传统的分科教育向多门类艺术的沟通和融合转变,强调不同

艺术门类、不同学科之间的连接与相互渗透,教学可以选择不同的侧重点,如何以侧重于一个艺术门类的学习,达到与其他艺术门类的综合;也可以是多个艺术门类的兼融互通;甚至可以打破学科的界限,围绕艺术课程的内容,与非艺术学科连接,进行更广泛的综合。音乐、美术、戏剧、舞蹈等多种艺术形式自然、有机地结合、转换,既能使学生对基本的知识技能有所了解和把握,又增加了学生的学习兴趣和对艺术通感的体验,在潜移默化中建构审美的心理。

二、儿童艺术教育的目标

儿童艺术教育是基础教育阶段的重要组成部分,它的目标设定就应该与专业艺术院校艺术教育的目标不同。作为基础教育阶段的艺术教育,则着眼于使孩子从小喜爱艺术,形成一种终身追求艺术、参与艺术活动的取向,并为他们今后的全面、持续发展提供良好的艺术素养。参照《艺术教育课程标准》,儿童艺术教育的总目标是:通过儿童艺术教育,使儿童不断获得基本的艺术知识技能以及艺术的感知与欣赏、表现与创造、反思与评价、交流与合作等方面的艺术能力,提高生活情趣,形成尊重、关怀、友善、分享等品质,塑造健全人格,使艺术能力和人文素养得到整合发展。

由此可见,儿童艺术教育的目的不在于将每个人都培养成艺术家,它的使命在于提高下一代公民的素质,培养艺术素养,帮助儿童更好地理解和运用艺术解决个人与社会问题。

从目标的表述来看,儿童艺术教育目标已从过去重在培养儿童的艺术知识与技能转变为促进儿童艺术能力与人文素养的整合发展。如果艺术教育不能发展儿童基本的艺术能力,它就失去了自身的特性和价值,也就不能称之为艺术教育。但如果艺术教育失去人文关怀,培养出来的儿童可能具有娴熟的技艺,但容易受功利的引诱和限制,成为既无精神自由、也无任何精神追求的"匠人"。总之,儿童艺术教育以培养儿童的艺术能力和人文素养的整合发展为目标。

1. 艺术能力

艺术课程不再把知识技能放到突出地位,而用"艺术能力"代替之。一般来说,艺术能力意味着能够综合运用音乐、美术、戏剧和舞蹈等艺术的知识与技能,主要包括对艺术的感知与欣赏能力、艺术表现与创造能力、艺术反思与评价能力,通过艺术学习形成交流能力、合作能力、解决问题能力、与非艺术学科的连通能力、多种艺术综合发展的能力等。

所谓艺术感知与欣赏能力,主要是指对自然和艺术中的形式以及这些形式体现的对称、均衡、节奏、有机统一等审美特征的感知和体验。

所谓艺术表现与创造能力,主要是指通过参与艺术创作或表演,形成一种迅速产生出的创意或意象,并通过特定媒介材料把它们体现出来的能力。但这种能力的获得,必须有对生活的大量观察和情感的体验,还必须认识和掌握艺术的材料、元素、法则、规律。这种艺术表现和创造能力一旦形成,又能促使人们利用各种艺术媒介表现、解释、交流内心的情感体验。

所谓艺术反思与评价能力,主要指对艺术品的形式意味、含义以及背景的评点和评论能力。获得这种能力的前提,是具备较丰富的审美体验和创造性体验,是对人类历史的发展和社会问题的洞察,以及良好的语言基础等。

2. 人文素养

人文素养主要是指在人的言行中所体现出的一种人文精神。一般而言,人文精神是指一种对人类生存意义和价值的终极关怀精神,经常表现出一种以人为对象、以人为中心、对人无限关爱的思想倾向。具有人文精神的人往往极力追求人生美好的境界,推崇感性和情感,看重想象性和多样化的生活。

人文素养包括以下四个具体内容:第一是具有"交流"的情结和能力。"交流情结"深深扎根于人们渴求表达个人之感悟或感动或应和他人之感动或感悟的需要,有时是出于对"自我"感悟的再确定和想同他人共享某种高峰体验的需要。第二是具有"继承"和"超越"的情结和能力,具体表现为对历史和传统的继承和超越。第三是具有"批评"的情结和能力。这种情结源自人类对理性的追求。第四是具有"创新"的情结和能力。不断创新、不断变化、不断脱俗、不断进入新的领域和境界,是"文化素养"的最突出标志,它可以使人不断吸收迄今为止人们所说出的和写出的最好的东西,使自己不断发展、不断完美,以达到自身的可持续发展。

以上对于人文素养的界定主要是在最一般意义上的阐述。其实,艺术能力与人文素养是相互交融,密不可分的。前面所论述的艺术能力就体现出很鲜明的人文色彩,从某种意义上说,艺术能力是一个具有人文素养的人必不可少的重要组成部分。总之,这两者的结合,不是一加一等于二,而是产生出一种涵盖两者又超越两者的高级素质。

为了完成这个目标,《艺术课程标准》进一步以分目标的形式,勾画了义务教育阶段儿童艺术教育的大致轮廓(见图 8-1)。

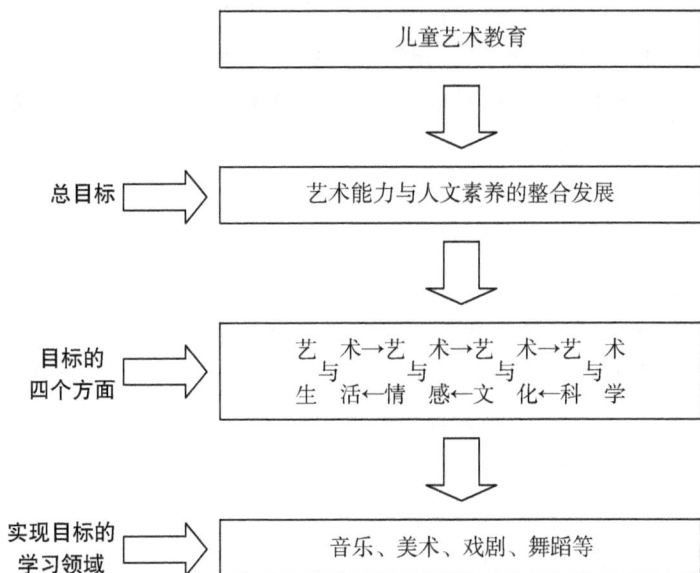

图 8 - 1　儿童艺术教育设计思路

来源：中华人民共和国教育部制定：《艺术课程标准（实验稿）》，北京师范大学出版社，2001年版，第 6 页。（原文有所改动）

三、儿童艺术教育的主要途径

1. 儿童艺术课程的教学

艺术课程教学是儿童艺术教育的重要途径之一，是学校组织一整套儿童艺术教育所需的学科门类，有目的、有计划地对儿童实施艺术影响的教育，它的专业性、系统性是其他途径无可比拟的，既然是艺术课程，那教学本身就应该是充满艺术性的。

艺术课程的教学推崇的是"生态式教育"观。它提倡师生对话和互动、多学科互补的生态式教育；力求实施一种为改变各种知识之间生态失衡状态，形成各专业知识之间、知识与自我之间的生态关系的教育。因为孩子的天性是极富创造、自由精神的，所以艺术教育就应随处闪烁着创造力的光芒。它的根本原则就是通过内容健康、幽默诙谐、丰富多样和艺术性的游戏活动为载体，使学生在浓厚的艺术氛围中体验艺术活动的快乐，同时改变以传授知识技能为主的教学模式。所有的教师都应该是多才多艺的"多面手"，比如绘画专题教学，教师应借助于音乐语言，帮助学生更好地感悟节奏、姿态、运动等。艺术课程教学的民主性也是教学成功的关键，要想让儿童高高兴兴接受教师的辅导，总板着脸训斥，要求他们百依百顺当然是不可行的,同样,一切任其自然,完全放任自流也是不行的。首先,我们要尊重儿童玩的权利,让孩子玩、陪孩子玩,和孩子一起高高兴兴地玩。与此同时,要求教师要明确将要引导孩子们达到的目的,并且为达到这个目的设置符合儿童生理、心理特点的教学环境、教学语言和教学程序,让孩子们在非常自然的状态下进入教师的议定的艺术学习氛围,只有孩子把老师看做自己的盟友,那么孩子们会非常高兴地接受辅导,教师会非常自然地达到教学的目标。

2. 课外艺术活动

课外、校外艺术活动是儿童艺术教育的重要组成部分。它既与艺术课程教学相互联系,又具有与学科教学相区别的独特的教育价值,因此,在内容和形式上,必须考虑学校教育以及儿童心理教育的生理特点,面向全体儿童,遵循儿童自己主体性和选择性原则,鼓励儿童积极参与,大胆表现和创造,并在普及的基础上,尽可能满足儿童提高的愿望,与此相对的有些家长热心于让孩子参加"考级"现象,我们认为,其实在课外艺术活动中,不必强求孩子必须达到一个具体的目标,让孩子学得轻松自然,活动没有任何负担感。让孩子充分自由地从这些活动中感受音乐、舞蹈、绘画、雕塑等各种艺术形式的美,增加艺术敏感性和感受力,才是最重要的。这才是课外艺术活动的教育真谛。

其次,充分开发课外艺术教育资源,法国为使艺术教育与社会实践结合起来,提出三条原则:一是凡是能在室外学习的东西,一律不在室内进行;二是凡是通过社会和自然界可以掌握的东西,绝不停留在书本知识上;三是凡能观察、看得见、摸得着的动态事物,绝不观察静止不动的东西,他们认为,社会一切大自然就是艺术教育的课堂,因此,他们经常带学生外出郊游,参观学习访问,在社会实践中接受艺术教育。我国各地不仅有景色秀丽的自然奇观和游览胜地,而且在我国悠久的历史发展中,我们祖先创造了光辉灿烂、博大精深的艺术文化,这是我们加强学校艺术教育得天独厚的资源,必须予以利用和开发,为提高我国艺术教育服务。

四、儿童艺术教育的要求

儿童艺术教育是以积极的方式促进儿童人文素养和艺术能力的发展,然而,在许多情况下,亟待我们去做,还不是积极地发展这些能力,而是去保护它们,使其不受破坏,然后才谈得上对儿童进行艺术教育,在此谈谈关于儿童艺术教育的基本要求。

1. 保护儿童的艺术天性

儿童都是艺术家。在日常的艺术教学中我们会发现每个学生都具有独特的创造能力,不少孩子有着很高的艺术天分。这种天性在幼儿阶段、儿童阶段最为明显,如果不加以正确的引导和鼓励,很快就会随着年龄的增长而逐渐消退。如何保持儿童这种"天性",这就需要通过艺术教育来完成。

儿童的世界与成人的世界是不同的,儿童的世界是诗的、童话的世界,而成人的世界是现实主义的客观世界,因此,成人与儿童对同一对象,他们所要表现的内容是不同的,表现手法是不同的。不善教者,是不相信儿童的眼睛所看到的以及他们的所想。教师千万不要用成人的眼光看待学生的美术作品,不能用"干净整齐"、"像不像"来作为衡量的标准,否则学生会失去学习美术的兴趣,失去创造中的自由意识。大名鼎鼎的沃尔特·迪斯尼小时的经历就值得我们借鉴。他上小学时,曾把老师留的作业"盆花"的花朵画成人脸,叶子画成手,这神奇的幻想非但没有得到称赞,反而得到老师的一顿毒打,差一点让这位艺术家早年夭折。艺术教育不同于其他学科的教育,艺术创造没有统一的答案。教师或家长的"好心",也许正是剥夺和封杀儿童们自由与智慧、创作力和快乐。不要损害儿童对事物有直接的感性的反应,不要认为成人一定是好与坏的最好的判断者,可能对儿童而言,他所表达的不是脱离真实,而是鲜明的真实——是幻想力和灵巧性的真实,是强有力的童话式活动于理想、境界的真实。苏霍姆林斯基领悟到"要让孩子们彼此用自己的语言去讲话","我劝告低年级老师说,给孩子教比例、透视、相称规律这都很好,但同时也要为孩子的幻想提供广阔天地,切不可破坏孩子观察世界的那种童话语言……"有一句话说得好:"当儿童还相信童话的时候,千万不要告诉他们人是不会飞的。"别扫孩子们的兴,把眼睛还给孩子。

2. 处理好儿童艺术教育中自由创造与技巧训练的关系

美国美术教育家艾斯纳(E. W. Eisner)的观点是,"美术能力不是自然发展的结果,而是教育的结果"。传统的儿童艺术教育,以灌输方法为主,儿童往往处于消极被动的状态,现代儿童艺术教育认为,只有让孩子真正回归天性,运用多元的艺术手段让孩子认知、观察、发现,才能让他们的想象力与创造力得到最大的发挥。所以,需处理好鼓励儿童自由创造、适当进行艺术技艺训练的关系。

(1)鼓励儿童自由地进行艺术创造。在儿童艺术教育中,儿童自由地进行艺术创造的一个首要条件就是,成人必须改变传统僵化的、单一的、成人化的审美趣味和评价标准。成人要认识到并利用儿童学习艺术的优势,以启发、提示、引导、鼓励为主,建立一种轻松自由的学习氛围。以美术教育为例,应给儿童创作"自由画"的机会;即使是命题画,也应当给儿童充分的创作自由,如工具材料可让儿童自由选择,也可以综合使用蜡笔、彩色水笔等,甚至可以是实物拼贴;造型不必强调严谨准确,只要尽力去画,就会是纯真而可爱的,是体现儿童的表现能力和心理水平的;色彩也不必是客观再现的,更注意儿童各自的气质个性与对色彩的偏爱;在构思上则更多地鼓励那些独特的想象和创造……只有允许儿童自由创造,才有可能充分地发挥他们的艺术潜能。游戏是儿童的内部精神自然地自由转化为外部表现的活动,所以,游戏是儿童艺术创造活动的重要形式。[①]

儿童的游戏是多种多样的,所以它具有综合地发展和表现艺术的功能。艺术教育应当充分地利用游戏形式为儿童的艺术创造提供条件。

(2) 适当进行艺术技巧训练。儿童获得了运算能力特别是形式运算能力后,他的世界逐渐从童话的、诗意的世界变为客观的世界。以绘画的形式表现这一客观世界是需要高超的技巧的。许多儿童由于缺乏技巧而难以表现这一世界,往往会失去绘画的热情。另外,他们的概念思维的发展水平已较高,词汇也很丰富,所以他们也可能是儿童不再热情作画的原因之一。因此,为了让儿童顺利渡过绘画的低谷,使其掌握一定的绘画技巧,以自如地通过绘画比较客观地表现自我的世界,也是十分必要的。

我们都清楚,艺术表现确实需要一定的技巧。那如何看待自由创造与技巧训练的关系呢? 我们需要用发展的观点来看待儿童的艺术创造。开始时,应当允许儿童尽量自然地去表现,然后通过仔细的指导,为创造满意的表现效果而提供接触技巧的机会,最后,在儿童有了自己的能力意识和目标意识之后,让他去接触大量的艺术作品,以便使他们看到艺术家丰富多彩的表现手法。只要儿童接触别人的艺术作品时,不认为艺术的表现方法十分有限,那么他在模仿别的艺术作品的过程中,他自己的艺术才能不会受到束缚,才会有所领悟、有所收益。[②]

最后,本章以一位法国小学校长意味深长的一段话作结束:"艺术教育应该留给学生什么呢? 我始终坚信,是那些在他们离开学校以后无论从事什么职业都能够享用的东西……这些东西是什么? 就是一种难以言表的艺术气质,一种对艺术的观察、鉴别、欣赏的敏感性、领悟性,一种独特的闪烁着创造智慧的想象力和艺术表达力。我们要让我们孩子懂得欣赏真正的艺术作品。"艺术教育的价值难道不是如此?

---

①② 刘晓东.儿童教育新论.南京:江苏教育出版社,2008:312.

◇ 阅读资料

在艺术之海畅游

（青岛市四流南路第一小学　赵文洁）

这学期的一年级教学工作，明显感到"星星还是那颗星星"，但"月亮却不再是那个月亮"。多年的音乐教学工作，运用自身的优势将太阳的光芒（即音乐）传播到每颗星星（即学生）身上，让学生喜欢音乐、喜欢音乐课，我一直做得很自信。可就在进行艺术课程第一单元教学中，一个小男孩突然站起身来对我说："老师，我认为这首歌太难了，我们学不会……"虽然当时有种种客观原因存在，但这个孩子的话语像一重锤，至今时时敲在我心上。是啊，面对"艺术课程"，我必须同学生一样一切从零开始！经过教研员深入一线的指导和学校课改小组不间断的座谈、讨论，我渐渐发现：在艺术课程之中学生的个性会有更大的发挥空间。在以后的教学中，经过节奏童谣、师生接龙、"DoReMi 小舞台"等多种教学方法的实验，学生不再畏惧唱歌。第一课提出问题的小男孩在《花瓣》一歌学唱时说："老师，歌曲的这一句要唱两遍，因为在《你我他》那首歌里咱们学过！"多好的孩子！教师的引导使他们敢于主动地发挥个性，而课程内容的丰富更促进他们心田中一棵棵艺术的种子开始发芽……

学生们在艺术课堂上表现出极强的参与意识和表现欲望，只要教师的"导火线"引得好，一簇簇"小礼花"就会竞相开放，姹紫嫣红，散发出充满个性的光芒。

例如，在"我有十个好朋友"一课中，学生在歌曲形象的激发下，有的用手影曲线画出了水波，再添画成大海；有的画出了与手影相似的火焰，而且火焰也有五官、在说话；有的画出了大山、小草。画面异彩纷呈，鲜活有趣，充分体现了学生的想象力。而我也在与学生的密切接触中，欣赏每一个学生的进步，同时认识到自己相关的知识储备应尽快提高，以适应学生充满个性的思维活动需要。

在进行"生活中的声音"一课时，根据学校周边的便利条件，我领着学生走上街头，录音、交谈、感受生活中的声音。回到教室讨论的时候，一名学生在录音回放中寻到了鸟叫声，其他同学马上反驳，因为录下来的声音比较嘈杂，而鸟叫声又挺弱，当时，我也拿不准，但是在回放中确实听到鸟声时，我立刻表扬了那个学生，一些小伙伴们也向他竖起了大拇指，不但他的个性体验得到了满足，其他学生也纷纷"竖起了耳朵"——什么汽笛声、发动机声、建筑工地的机器声，就连几个老爷爷下棋打子的声音也找得清清楚楚。在此基础上再做声音"强弱"游戏，就很容易理解了。在第二课时中，孩子们在老师的鼓励下，高兴地抢答着，并在老师的"龙头"引导下创造性地运用自己听到的各种声音"接力编故事"。"故事大王"的称誉使他们在课后还意犹未尽地模拟着、交流着,甚至迫不及待地问我:"老师,下节课还做声音游戏吗?"

其实,许多老师和我一样,追求的不是准确的、唯一的答案,而是异彩纷呈的个性体现。在一个言论自由的空间中,既解放了老师——只是课堂的"导演",也解放了学生——成为课堂的主角。

分析:教师尽力为学生创设激励的"氛围"以及"完整表达就是成功"的教学意境,使每一个学生都能体验到成功感,品尝到学校学习生活的乐趣。重视学生个性的发挥,开拓更为广阔的艺术创造空间,让学生在艺术的海洋里自由地畅游。中小学艺术教育的对象是全体普通学生,不同于专业艺术院校的学生。中小学的艺术教育是艺术的修养教育,目的是普遍提高全体学生的艺术修养,以促进学生的全面发展;作为不同个性的人,他们的学习方法、学习习惯都是不相同的,我们要充分调动学生的积极性,挖掘其个性特征,形成具有个性化的发展。

来源:杨立梅主编:《综合艺术课程与教学探索》,高等教育出版社,2003年版,第24~26页。

♻ **思考题**

1. 名词解释:艺术、艺术教育。
2. 儿童艺术教育对儿童发展会产生哪些影响?
3. 基础教育中儿童艺术教育的定位是什么?谈谈儿童艺术教育的目标。
4. 儿童艺术教育的基本理念有哪些?
5. 试结合儿童教育现状,谈谈实施儿童艺术教育时应注意的几个问题。

第九章 儿童创新教育

美国老师上的一堂小学自然常识课——蚯蚓

一上课,老师说明要讲的内容,就请同学们准备一张纸,上来取蚯蚓。同学们捏着纸片纷纷上讲台抓蚯蚓。许多蚯蚓从纸片上滑落下来,同学们推桌子挪椅子地弯腰抓蚯蚓,整个教室顿时乱成一团,老师却一言不发,任其混乱。老师认为,上了一节"蚯蚓"课,假如连蚯蚓也抓不住,那么上这节课还有什么意义呢?

同学们抓住了蚯蚓回到座位后,老师开始了第二个教学环节:请同学们仔细观察蚯蚓的外形等有什么特征,看谁能把它的特点最后补充完整。经过片刻观察,同学们踊跃举手。

学生:虽然看不见蚯蚓有足,但它会爬动。

学生:不对,蚯蚓不是爬动而是蠕动。

老师:对。

学生:蚯蚓是环节动物,身上是一圈一圈的。

老师:对。

学生:它身体贴着地面的部分是毛茸茸的。

老师:对,你观察得很仔细。

学生:我把蚯蚓放到嘴里尝了尝,有咸味。

老师:对,我很佩服你。

学生:我用线把蚯蚓扎好后吞进了喉咙,过一会儿把它拉出来,它还在蠕动,说明它生命力很强。

此时老师的神情变得庄重起来,激昂地说:"完全正确!同时我还要赞扬你在求知过程中所表现出的这种勇敢行为和冒险精神。同学，我们很需要这种精神，但我远不如你！"

整堂课结束了，如果就这堂课把我们的普通教法与美国老师的教法做些比较，哪种方法让学生学得有趣、生动，对蚯蚓的体验更深，答案是显而易见的。一堂课上得生动活泼，学生既掌握了知识，又激励了创新精神。

创造能力作为人类的一种普通心理能力潜伏于个体的心理发展过程，它与其他能力相互联系，互相促进。许多人身上的创造潜能之所以不能表现出来，有社会环境问题，有个人方面的因素，但缺乏训练和学习是主要原因。为什么我国学生善于学习书本知识而不善于创造？这与我们不重视儿童创新教育不无关系。

依据创新心理学的有关原理,小学生的创新以个人价值为主,社会价值为辅;以新颖性为主,独特性为辅,即更强调他们自身的纵向比较;以初级创造力为主,高级创造力为辅。培养学生具有创新行为,是时代对学生行为素养的新要求。

第一节　儿童创新教育概述

一、创新教育界定

一般认为,创新就是"提供新颖的、有社会意义的事物的活动"。这里的"新颖",是指前所未有,或称首创性,与创造一词通用;所谓"有社会意义"是指产生了新的思想、新的产品和新的价值,深化了人类对客观世界的认识,或者满足了人类的某种需求。创新教育就是以培养儿童创新精神和创新能力为基本价值取向的教育。其核心是在普及九年义务教育的基础上,在全面实施素质教育的过程中,为迎接知识经济时代的挑战,着重研究与解决在基础教育领域如何培养中小学生的创新意识、创新精神和创新能力的问题。儿童创新行为是儿童创新意识、创新精神和创新能力的外在表现,是在一系列创新活动中养成的,儿童的创新活动有其独特性。

(1) 儿童创新活动的价值主要体现于创新过程的新颖性和独特性。从一般意义上讲,关于创新的价值有两个着眼点:一是创新的过程价值;二是创新的产品价值。美国创造心理学家泰勒根据产品新颖独特性和价值大小的不同,将创造力从低到高划分为 5 个层次:表达式的创造、技术性的创造、发明式的创造、革新式的创造和突现式的创造。其中表达式的创造是指以自由和兴致为基础,因情境而产生,随兴致而感发,但是却具有某种创意的行为表现。泰勒指出,在 5 个层次的创造力中,表达式创造常见于儿童和青少年。表达式创造强调的是过程,而不是结果,这种类型的创造活动与成人的创造活动有本质区别。如果我们无视儿童的年龄特征和创造过程的不确定性,仅仅依靠产品的社会价值来判断儿童的创造,那可能是不切实际的,很有可能忽视中小学生的创造活动。因此,教师应该着眼于创造过程的新颖性,更多地发现并鼓励学生们的创造活动,着重评价他们提出的新问题、新观点、新思路。下面的例子特别能说明这一点。

作文课上,老师要求学生描述一场想象中的精彩足球大赛,绝大多数学生写得很认真,他们把看到过的球赛,加上各种形容词,将练习本写得满满的。然而,老师却把最高分给了一名最偷懒的学生,这名学生的作文只有短短的一句话:"很抱歉,由于突然下雨,人们盼望已久的这场球赛只得改期。"尽管这位学生的作文只写了一句话,的确是在偷懒,但是他作文突破了常规思维,审题角度新颖、独特,老师应该注意到这两方面。

爱迪生 5 岁时,看到母鸡孵小鸡,就问妈妈:母鸡把蛋放在屁股底下坐着干什么呀? 妈妈告诉他,母鸡给鸡蛋暖和暖和,为的是孵小鸡。爱迪生想,母鸡能孵出小鸡来,自己也一定能。于是他找了几个鸡蛋,学着母鸡的样子,蹲在鸡蛋上面孵起小鸡来。这种行为尽管看上去幼稚傻气,却是科学探索的萌芽,体现了思维的发散性,是一种类比联想,并具有明确的目标。

(2) 儿童创造活动的价值主要针对个人而言,而不能要求他们的创造有益于社会。创造的本意当然是从全社会范围来考察的,是指能够产生前所未有的新颖独特、具有社会意义产品的活动。然而,儿童的创造活动并非如此。吉尔福特认为:"几乎所有的儿童都会有创造性行为,不管这种创造性行为是多么微妙或罕见。"皮亚杰乐观地认为,儿童从 14 个月开始就产生了创造性,婴儿的探究反射在某种意义上就体现着他们的求知欲望,求知欲在很大程度上可视为探究反射在个体知识经验和心理水平达到一定程度后的具体体现。每个儿童都具有创造的潜能,培养儿童的创造性,并不要求所有学生都要做出惊天动地的创造发明,而是使受教育者在其本身已有水平上有所发展,在其可能发展范围内充分发展。

因此,儿童创造活动的价值主要是针对个人而言的,应当在个人的活动范围内考察的他们创造活动的价值。具体而言,小学生创造活动的价值有两个方面:一方面,只要个体的行为相对于自己的过去而言具有发展性、新颖性和突破性的就是创造;另一方面,个体的行为与同龄人的行为相比具有新颖性和独特性,那么这种行为就是创造活动。

老师正在上小学数学课,内容是 10 的组成。一般的学生都回答类似"10 可以分成 1 和 9,1 和 9 组成 10;10 可以分成 2 和 8,2 和 8 组成 10……"这样的由两个数字组成 10 的分成。但是,有一个学生的回答很特别:"10 可以分成 1、2 和 7,1、2 和 7 组成 10",虽然不算新颖,但对个人来说是有效的,相对于同龄人来说是新颖的,也体现了这位学生的创造力。

(3) 儿童创新活动主要依靠强烈的好奇心和宽广的创造性想象。成人的创新活动是以社会需要为导向的,是以创新思维为核心的活动。儿童的创新活动则是以好奇心为导向,以创新性想象为最主要成分。好奇的态度是一种创新的态度。

好奇心有一种强大的推动力,推动儿童去探索事物的真相。儿童的创新行为和活动主要来自于他们的好奇心。而且,在儿童的创新能力中,创新性想象的作用和地位更为突出。

例如,儿童看到一块积木时,他感兴趣的首先是积木自身的颜色、形状、质地、手感等具体的感性特征,而不是它的体积等概括性特征。也正因为如此,一块积木可以在孩子的眼里产生无限多的可能性:比方可以借用积木的红色来代替红太阳,可以借用积木的形状来代替面包或蛋糕,还可以用它来代替小娃娃抱在手中,等等。儿童可以用一块积木替代许许多多的东西,建立积木与其他事物之间的不同寻常的联系。这种创造性想象被心理学家称之为"原发过程"。儿童正依靠这种原发过程去发现成人利用逻辑思维所难以看到的新奇的东西。

一老师出过一则填空题,题目是:雪化成了什么?学生的答案有:雪化成了水,雪化成了泥。但是,有一位学生别出心裁地答道:雪化成了春天。结果老师在前两类答案后打了勾,而在第三种答案后打了叉。有人感慨地说,"雪化成了春天"这一答案才是最具创意的答案,因为这种答案富含了丰富的想象,将冬天与春天紧密地衔接在一起,将冰雪融化扩展成为一幅广阔的春天图景,将寒冬中的人们对春天的期望融入冰雪之中。

(4)儿童的创造活动主要的外在表现是各种操作行为。这里的操作行为包括:制造具体工具或用具,如小制作或小发明;运用新的方法与策略解决问题,如一道数学题、一个理科小实验;用书面语言、形象符号表达新的观点,如论文写作、艺术创作。我们之所以强调创新活动中的操作行为,是因为一边动脑、一边动手是小学生喜好的学习方式与探索方式。动动脑筋,产生自己的梦想;动动手,实现自己的梦想。这一过程和少年儿童的游戏具有相同的本质,即在主体与客体的互动中实现主体与客体的双向建构,主体获得知识,客体得到改造或优化,主体的认知需要、审美需要、成就需要得到极大满足。我们经常可以看到一些学生总是拆拆装装,在老师与家长的启发下有所创新。

总之,小学生创造的本质是其相对新颖性,所有的儿童青少年都具有创造的潜能,对他们的创造主要应该从创造的过程价值、个人价值来判断,丰富的想象与联想是小学生创新的本质,动手操作是创新的外在表现。因此,创新行为,是学生根据一定目的和任务,运用一切已知信息,开展能动思维活动,产生出某种新颖、独特、有社会或个人价值的产品的智力品质的外在表现。

二、儿童创新教育的意义

1. 建设"创新型国家"的需要

2006年1月9日,全国科学技术大会在北京人民大会堂隆重开幕,这是新世纪我国的第一次科学技术盛会和我国经济发展关键时期召开的一次重要会议。中共中央总书记、国家主席胡锦涛在开幕式上发表了题为《坚持走中国特色自主创新道路,为建设创新型国家而努力奋斗》的重要讲话,并代表党中央、国务院明确提出了"建设创新型国家"的重要决策。

建设创新型国家,关键在人才。杰出科学家和科学技术人才群体,是国家科技事业发展的决定性因素。源源不断地培养造就大批高素质的具有蓬勃创新精神的科技人才,直接关系到我国科技事业的前途,直接关系到国家和民族的未来。而杰出科学家和科学技术人才的培养不是一蹴而就的,中小学阶段对学生创新行为的指导养成,是造就高素质的具有蓬勃创新精神的科技人才的基础。

所以,实施儿童创新教育,促进儿童创新行为的发展,是造就高素质的具有蓬勃创新精神的科技人才的基础,是落实"建设创新型国家"决策赋予基础教育的重要任务。

2. 我国课程改革的需要

2001年6月,教育部制定了《基础教育课程改革纲要(试行)》,确定了课程改革的目标,研制了各门课程的课程标准或指导纲要。遵循"先实践,后推广"的思路,新课程于2001年9月在全国38个国家级实验区进行实验,2002年秋季实验进一步扩大,有近500个县(市、区)开展实验,到2005年秋季,各起始年级的学生都已使用新课程。目前,新课程改革已经进入到全面推广阶段,有越来越多的师生正在实践着新课程改革。

课程改革是教育改革的核心内容,而课程改革的目的是为了促进每一个学生的全面发展,这当然包括学生创新行为的发展。

新课程通过改变课程功能、结构、内容、方式、评价、管理六大方面,以培养具有适应21世纪社会、科技、经济发展且具有自主创新能力的公民。学生的创新行为是其创新素质的外在表现,实施儿童创新教育,是了解儿童创新行为发展水平、指导儿童创新行为向更高水平发展的重要手段,因而也是实现基础教育课程改革目标的重要举措。

3. 教师专业化的需要

实施创新教育,教师是关键。教师的专业化水平越高,就越关注学生创新行为的养成。教师专业化是指教师职业具有自己独特的职业要求和职业条件,有专门的培养制度和管理制度。教师专业发展是一个持续不断的过程,教师专业化也是一个发展的概念,既是一种状态,又是一个不断深化的过程。教师在整个专业生涯中,依托专业组织,通过终身专业训练,习得教育专业知识技能,实施专业自主,表现专业道德,并逐步提高自身从教素质,成为一个良好的教育专业工作者的专业成长过程,也就是一个人从"普通人"变成"教育者"的专业发展过程。[①] 这里的"逐步提高自身从教素质"的过程就是教师行为的逐步创新、改进的过程,从教素质是随着课程改革的推进、学生素质的改变而发展的。

教师的专业发展与教师行为的创新是分不开的两个方面,教师的创新行为有利于促进教师的专业发展,是教师专业发展到一定阶段和水平的重要标志。一方面,教师创新行为有利于学生创新行为的养成;另一方面,教师在指导学生创新行为养成的过程中,也能够反观自己的教育教学行为,从而促进教师创新行为的发展,进而促进教师的专业发展。

4. 学生个体发展的必然要求

儿童具有创新的潜能,表现为对周围环境有一种天生的好奇感,它似乎是一种本能,是人类天生的反应能力,表现为好问、好动,它是人的智慧之苑,是人的创造力的萌芽。儿童的科学是从个体生命的第一个惊奇开始。从儿童对周围的环境好奇、(出声或不出声的)发问、观察并对现象进行解释,这一过程有的学者便认为是"儿童的科学"。所以,学生创新行为的发展,不仅是社会发展的要求,也是学生个体发展的要求。

学生不仅具有创新的潜能,而且还是能动的创新实践主体。认识到这一点,对于教师有意识地在教育过程中促进学生创新行为的发展,具有重要作用。

应当指出,学生创新行为的发展是渗透在课堂内外的各项活动,特别是学习活动中的。靠重复强化和外在的诱惑或威胁来维持学习活动和产生学习效果,其后果不仅是学习质量和效益的降低,更严重的是压抑了学生作为人所必须具备的主动性和能动性的发展,影响学生积极主动的人生态度的形成。这就使得他们不能真正体会到学习生活的愉悦,体会到因主动性发挥而得到的精神满足和能力的发展,就会阻碍学生创新行为的发展。

---

① 刘捷.专业化:挑战 21 世纪的教师[M].北京:教育科学出版社,2002:42-43.

第二节 儿童创新教育的实施

一、儿童创新行为的观察

在实践中,我们与杭州市胜利小学、人民小学、青春中学的老师合作,运用我们研制的《学生创新行为观察与分析框架》及"创新树"观察工具,对学生创新行为进行了观察实践试点,主要有以下几个步骤。

(一) 依据《学生创新行为观察与分析框架》

表 9 - 1 学生创新行为观察与分析框架

维度	指标	发展水平		
		1	2	3
乐于创新	好奇心	喜欢从独特角度提出问题	喜欢提出问题	偶尔提出问题
	创新冲动	常有创新尝试的热情并想付诸行动	发现新生事物就欢呼雀跃	偶尔有创新冲动但不强烈
	自信心	能够大胆地表达自己的想法和见解,并能坚持自己的正确观点	能够发表自己的意见,但不够据理力争	有时能够说出自己的想法,但不够确定
	独立性	能够独立思考、独立行事,敢于向老师、书本质疑	能够自己提出解决问题的思路和方法	能够在教师指导下自己提出解决问题的思路和方法
善于创新	发散性思维	对一个问题能提出多种解决方法,特别是能提出超常规的方法	学习中能举一反三	能够在教师引导下在学习中提出两种以上解法
	观察能力	在观察中常有新的发现	观察仔细	在教师引导下能够完成观察任务
	想象能力	常常幻想,喜欢异想天开	喜欢叙述和写作想象的情景	在教师引导下作文的构思或情节富有想象
	操作能力	善于动手查找工具书、操作计算机、制作作品	喜欢动手操作学具	能按教师要求在课堂活动中动手操作

维度	指标	发展水平		
		1	2	3
有所创新	语言作品	有小作文在公开发行的刊物发表	有小作文在班级范读或展示	有模仿习作
	艺术作品	有独立创作的艺术作品	在教师指导下有音乐、舞蹈、书法等艺术作品	有模仿的音乐、舞蹈、书法等艺术作品
	小发明作品	有独立完成的小发明、小制作作品	在教师指导下有新创意的小发明、小制作作品	有模仿的手工制作作品
	多媒体作品	有独立制作的多媒体作品并得到了应用或获奖	有独立制作的多媒体作品	在教师指导下能够完成多媒体作业

1. 框架概念的界定

乐于创新包括想创新和敢创新,是指儿童具有创新的内在欲望和勇气,如好奇心、自信心等。乐于创新的行为表现主要有好问、常有新的想法并愿尝试、敢于质疑。

善于创新包括会创新和能创新,是指儿童具有创新的思维和能力,如发散性思维、观察力、想象力等。善于创新的行为表现主要有对一个问题能提出多种解决方法,特别是能提出超常规的方法、在观察中常有新的发现、善于在问题的转换中推陈出新。

有所创新即创新成果,是指儿童具有创新的作品,如文学、多媒体等作品。有创新成果的行为表现主要有小作文、小发明、小制作。

2. 有关框架指标的说明

乐于创新是善于创新和有创新成果的基础,善于创新是有创新成果的条件,有创新成果又能够激发学生乐于创新,发展善于创新的能力。

乐于创新所包含的创新的内在欲望和勇气,如好奇心、自信心等都是大量创造心理研究文献中提到的儿童创造人格特征的主要内容。

善于创新所包含的创新的思维与能力,其行为表现主要有对一个问题能提出多种解决方法,特别是能提出超常规的方法、在观察中常有新的发现、善于在问题的转换中推陈出新。

有创新成果是儿童创新行为的外在表现,是观察创新行为水平的重要指标之一,同时又能进一步激发儿童乐于创新的成就动机,并在制作创新作品的过程中提高创新思维品质和创新能力。

(二)运用《学生创新行为观察工具——创新树》

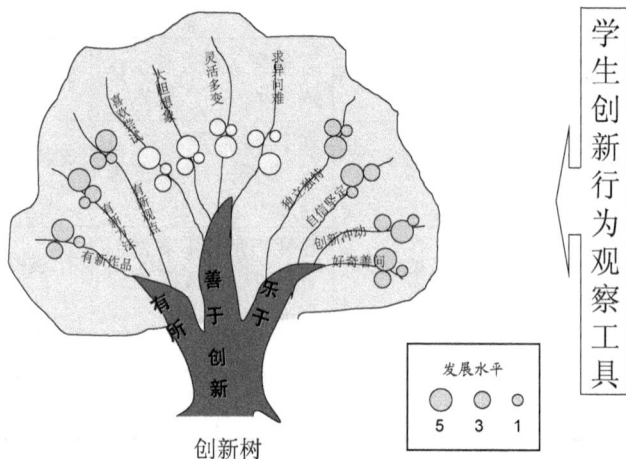

创新树

从上图可知：我们把反映学生创新行为的三个要素作为创新树的三个树杈，把反映每个要素的指标作为树杈上的分枝，把每个指标的典型行为的不同表现程度分为三个发展水平：5—高级水平；3—中级水平；1—初级水平。

根据学生行为表现的观察结果，在相应的树枝上画果实，按照发展水平的高低，分别画大、中、小三种规格的圆。如果初级水平的行为表现都未达到，该树枝上就不画圆。树上的果实越大、越多，创新行为表现就越好。

根据学生的创新树反映的信息，提出并采取针对性的教育措施，一个月画一次，根据几次画的树上对应树枝上的果实的有和无、大和小的变化，反映学生创新行为的动态发展轨迹。

我们曾在杭州胜利小学、人民小学、青春中学，有 17 名中小学教师参与、对51 名中小学生进行了《学生创新行为观察工具》的试点工作。

下面三个图分别是三个学校的试验老师对学生观察一个月后画的三位学生的创新树，从中可以看出不同的学生在创新行为方面具有的不同行为表现，便于教师对学生进行针对性的指导帮助，使学生的创新行为能够发展到更高水平，而且，教师也可以从学生创新行为的观察研究中，从学生的行为反观自己的教育教学行为，并作出行为的改进。如有教师观察到学生不善于提问，就会反思自己的教学设计，并加以改进，使其课堂教学更有利于促进学生提问和提高学生提问的质量。在画创新树前，我们建议教师可以先做学生创新行为观察记录(见表 9 - 2)。

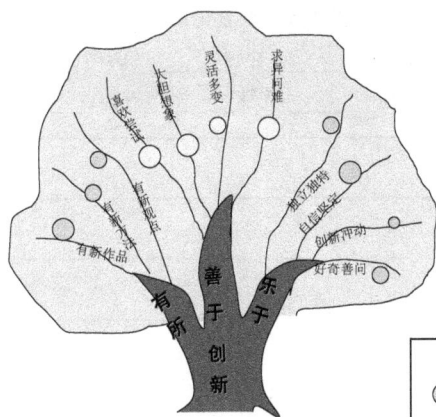

人民小学　　小陈创新树

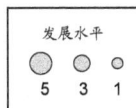

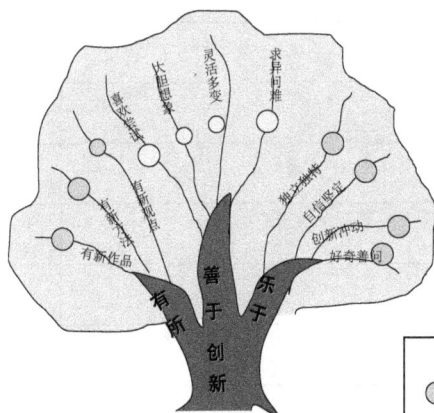

胜利小学　　小王创新树

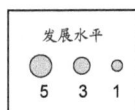

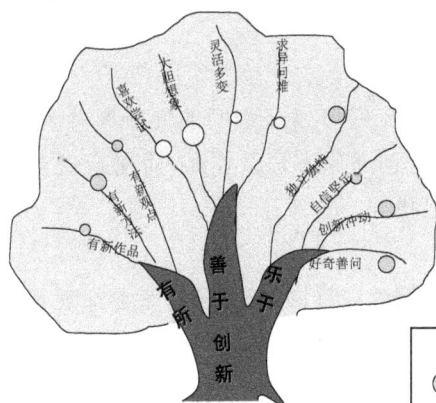

青春中学　　小何创新树

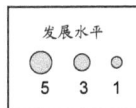

表 9 - 2　学生创新行为观察记录表

学校＿＿＿＿＿　班级＿＿＿＿＿　学生姓名＿＿＿＿＿　性别＿＿＿＿＿　时间＿＿＿＿＿

教师姓名＿＿＿＿＿性别＿＿＿＿＿职称＿＿＿＿＿学科＿＿＿＿＿教龄＿＿＿＿＿

维度	指标	行为表现举例	发展水平
乐于创新	好奇善问		
	创新冲动		
	自信坚定		
	独立独特		
善于创新	求异问难		
	灵活多变		
	大胆想象		
	喜欢尝试		
有所创新	有新观点		
	有新方法		
	有新作品		

意见建议：＿＿＿＿＿＿＿＿＿＿＿＿＿＿＿＿＿＿＿＿＿＿＿＿＿＿＿＿＿＿＿＿＿＿

＿＿＿＿＿＿＿＿＿＿＿＿＿＿＿＿＿＿＿＿＿＿＿＿＿＿＿＿＿＿＿＿＿＿＿＿＿＿＿

（三）分析学生创新行为发展水平

1. 个案分析

如下图"小明的创新树"所示，我们可以从小明的创新树看到以下信息：小明好奇心强，自信、想象力丰富，常有创新的方法及作品，而在新观点、独立性方面还有欠缺。教师可有针对性地加以指导。

2. 团体分析

以下是三所实验学校试验数据的统计图，统计分析了参加观察的学生中，男女生的创新行为的表现差异，为进一步开展学生创新行为指导提供了依据。

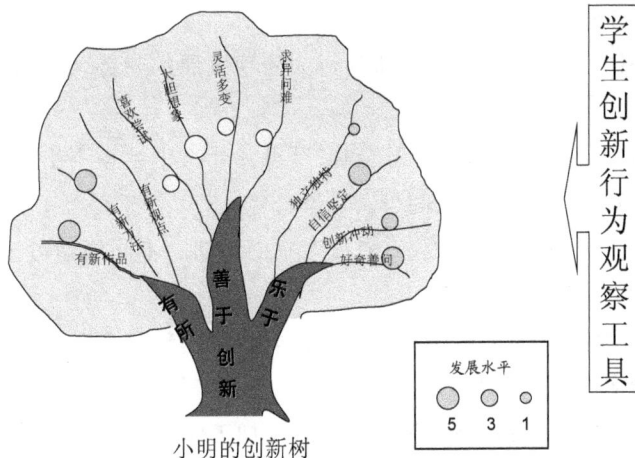

小明的创新树

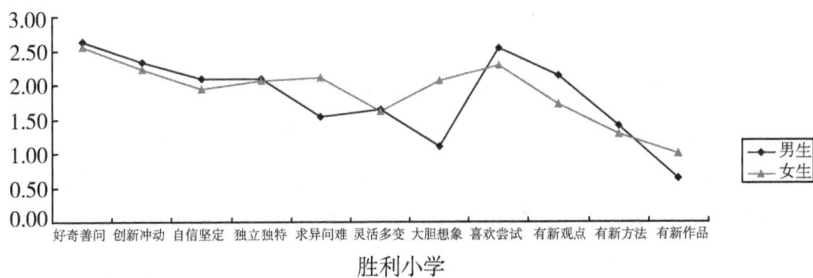

胜利小学

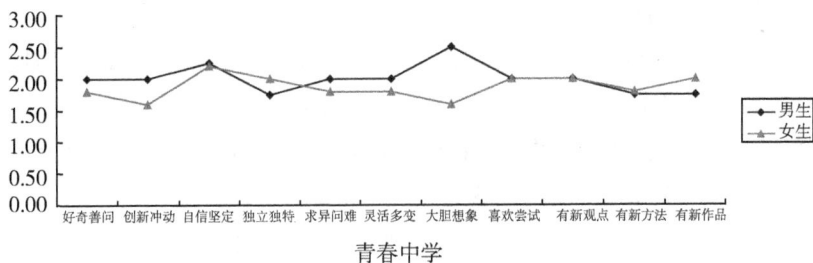

青春中学

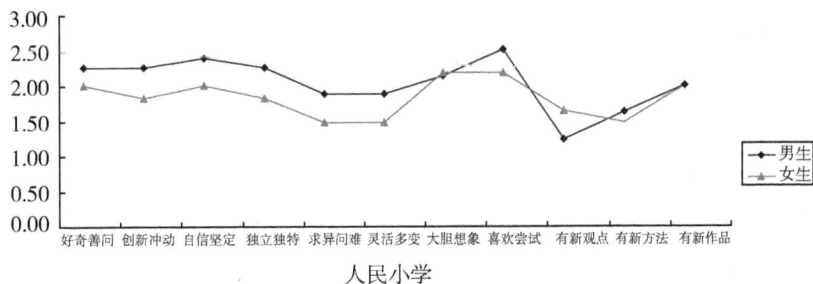

人民小学

3. 体会与建议

（1）被观察学生有向研究所期望的行为表现发展的趋势，如发言积极了、提问的质量更高了等。

（2）教师也有些变化，如搞创意春游；反思为什么学生提不出问题？是因为教学设计方法太陈旧，学生创新空间少。

（3）观察记录时间不宜太短，一个月为一个周期。不同周期可记在一棵树上，可看出变化过程。

（4）由一个教师观察不够全面，可以由学生记"创新日记"、征求任课教师和家长的意见，综合各方面情况后再记录。

（5）大面积推广以后，观察、记录可能会增加工作量。

二、儿童创新教育的要求

1. 教师要注重激发学生的问题意识

教师的教育行为不仅仅是传授知识，还应该激发学生的问题意识，鼓励他们大胆质疑、发问，敢于标新立异。正如苏格拉底所说，问题是接生婆，它能帮助新思想的诞生。意识到问题的存在是创造性思维的起点，没有问题的思维是肤浅的思维，当个体活动感到自己需要问"为什么"、"是什么"、"怎么办"时，思维才算是真正发动。否则，创新思维就难以展开和深入。

激活思维的发散性对于创新思维的培养是十分必要的。人们在发散性思维的过程中，思维处于兴奋、灵活、轻松的状态，思路宽阔、视野开放，容易产生各种奇思妙想。但是，目前的教学过程中，学生面对的绝大多数问题都是结构良好的问题，都有明确的答案，在这些问题的解决过程中是很难有创造性思维发生的。这就要求在教学过程中增加开放性的教学内容，把当前科学实践与生产实践中一些悬而未决的领域引入课堂教学中来，让学生们提出问题解决的假设或假想，甚至幻想。要改变那种"只有获得标准答案才是最优学习效果"的观念，肯定学生的奇思妙想，积极评价他们的发散思维和直觉思想，适时适当地鼓励他们进一步发展自己的想法，让奇异的想法更具合理性。

培养学生的问题意识，还要教师鼓励学生敢于质疑，敢于提出他人没有发现的问题，敢于使用他人并不认同的方法解决问题，敢于做出不合乎常理的结论，不怕面对批评与嘲讽，并不断地为自己的想法寻找证据。哥白尼、诺贝尔、达尔文无不具有质疑权威、捍卫真理的精神。

有一天，一位美国老师正在给学生上自然课，向学生们介绍了一种名叫"凯迪普旺斯"的猫科动物。他说,那是一种生活在冰川时期的动物,后来由于不能适应自然条件而灭绝了。他一边讲,还一边拿出这种动物的头盖骨让学生看,并要求他们认真做笔记。随后,老师就这一动物进行了一次课堂测验。当试卷重新发下来后,学生们都惊呆了,原来他们所有人全是零分。老师说,他上课讲的这种动物完全是虚构的,世界上根本不存在这种动物,因此学生们的答案都是错的。他希望学生们能从这次测验中吸取教训,无论何时何地,一旦对老师或教科书产生疑问,就应该当场提出来。敢于质疑的精神决定了个体能否发现问题,能否走上创新的道路。相反,一切都循规蹈矩,唯上、唯书的品质无法使儿童做出更多的创新行为。

2. 家长要为孩子创设民主宽松的鼓励性教育环境

家庭是影响儿童创造心理发展的一个重要因素,家庭特征、家庭教育方式、家庭期望均影响了儿童创造心理的发展。如果家长教养方式过分严厉,求全责备、操之过急,用之过分,将会导致儿童创造天分大打折扣。屈服在父母威势下的儿童,很容易接受权威性的主张,他们循规蹈矩,避免行为越轨,也避免尝试新的经验,更不会有什么创新的行为表现了。

斯普林纳和韦斯伯格(Springner & Weisberg,1961)对具有创造力儿童的父母测验与面谈的结果显示,他们父母的共同特征是:富于表达,较少的驾驭性,双方有着良好的沟通,一方的想法、心情和观点都会和另一方交流;父母接受子女的退行现象,让他们舒服地表现稚气,这种稚气是和天真烂漫的想象联系在一起的;父母双方都有独立性,有自己的事业,并孜孜以求;父母认同子女的世界观,并不多加管制,更不坚持子女必须有与他们相同的价值观念。

Getzels 和 Backson 曾经比较高智商青少年与高创造力青少年的家庭环境,结果发现,高创造力青少年的父母重视子女的诸如兴趣、价值、坦率等内部特征,家庭环境比较独立和自由,子女有大量独立解决问题的机会。Barbe 等人对表现出才能的 120 名被试的初步研究结果表明,在特殊领域取得杰出成就的儿童的家庭,早年就开始为其在特殊领域的探索而提供物质和感情上的支持,在培养中注意引导、积极奖励,并注意培养孩子良好的学习习惯,以促进其创造力的发展。

Mackinnon 在对创造型儿童的父母的调查中发现,创造型儿童的父母一般有如下特征:① 具有民主的宽容的而不是专断的行为风格和态度;② 重视社会所要求的内部特征而非外部特征;③ 具有很强的独立性,但社交能力较弱;④ 父母某一方的特征与其同性别孩子的创造性有着更为密切的关系。

总之,有利于子女创造力发展的家庭环境特征包括:家庭成员努力营造一种和善、温暖和民主的气氛,孩子在这种氛围中与父母建立积极的交流关系;给予子女适度的自由,认同子女提出的各种奇异的问题,并避免过多的评价;要求子女在社会关系中适度展现自我,鼓励他们不断获取各种科学的和社会的经验,既鼓励他们动脑,也鼓励他们动手;培养子女对活动本身的兴趣,激发他们的内在动机,家长不要过多关注活动的结果,尤其是奖惩结果;在活动中,要加强子女的自律性,感悟自己对任务的责任感。

◇ 阅读资料

体验性阅读

1. 知"石"

(1)以小组为单位相互交流课外收集的有关黄山石的资料,边出示边讲解,将自己收集的奇石的种类及成因介绍给大家。

(2)出示介绍奇石或介绍黄山其他奇特风光的资料,针对学生的兴趣,教师可让学生在班上进行交流。

(3)自主读课文,归纳一下书中主要介绍了哪几种"奇石"。图文结合,边读边悟、边悟边读,对感兴趣的内容,不仅要读熟,而且要求能背诵。在积累中感悟表达的准确性,潜移默化地训练学生的观察能力。

2. 说"石"

(1)读课文,对照插图,分别说说"仙桃石"、"仙人指路"、"猴子观海"、"金鸡叫天都"等奇石的样子,引导学生既要说出石"形",又要说出石"神"。

(2)读课文,充分发挥自己的想象力,分别说说"天狗望月"、"狮子抢球"、"仙女弹琴"等奇石。这几处奇石,教材仅提及而已,因此,要鼓励学生大胆想象。

(3)对学生课外收集的其他奇石的样子进行表述,充实观察、表达的内容,增强学生课外学习的兴趣,训练学生掌握课内外相结合的学习方法。

3. 悟"石"

(1)以学习小组为单位,分别想象一下:"仙桃石"、"猴子观海"、"仙人指路"、"金鸡叫天都"等这些石头的来历,可以以神话、童话故事的形式进行表现。比一比,看谁说得形象、生动、情节完整。

(2)在广泛想象的基础上,选择一块奇石,就自己所想象的来历讲给父母听一听,然后写下来。

(3)在自读、自悟及创造性想象的基础上,感悟大自然的神韵,陶冶学生的情趣。

......

仔细推敲,《黄山奇石》这篇课文最大的特点在于这奇字上面,因为奇就可以让这节课有更大的发挥空间。对于大多数学生来说,都在生活中、电视上领略过黄山奇石的风韵,而且在他们的现实生活中也不乏奇石。在上述案例中,这位教师就是紧紧抓住奇石的"形"与"神",让学生展开想象,调动学生的主动性,引导学生从知"石",到说"石",再到悟"石",这不仅使得整堂课达到知识、技能与情感目标的和谐统一,而且从能知能说能悟黄山奇石到身边的奇石,这个跨越需要学生大胆的联想,积极调动他们原有的知识与经验的储备,发挥他们的想象力与创造力才能完成。因此,我们说这位教师的有效教学通过发挥学生的思维能力和想象能力,从而培养了他们的创新行为。

思考题

1. 谈谈你对儿童创新活动特点的认识。
2. 儿童创新行为观察的要点有哪些?
3. 简述儿童创新教育实施的要求。

第十章　小学教师的专业特征及其素质结构

由学生上课吃东西引起的……①

　　记得那一天的数学课上,正在讲课的我忽然听见了清晰的咀嚼声。我寻声望去,已不见动静。有几个学生也似乎听到了,东张西望地寻觅着。我思量着:假装没听见已经是不可能了。迎着那双躲闪的眼睛,我亲切地问:"是郭小川吧?"那个小胖子站了起来,嘴里鼓鼓的,下巴略微上扬,那副豁出去的样子使我又生气又好笑。教室里微微起了一阵骚动。"又是什么糖吧?"我不动声色地继续发问。"不,不是,是火腿肠。"小胖子急忙边吞边说,差点噎着。"别急,小心噎坏,你慢慢嚼,我们等你。"教室里的骚动似乎更响了一些,落在我脸上的目光更多了。我思索着:批评他上课不该吃东西?这种道理谁都知道,况且现在也该是到了饿的时候,落在我脸上的目光也不乏担心同情他的;不处理肯定不行……稍过了一会儿,我又说:"都咽好了吗? 好,现在请你拿出剩下的火腿肠,给我们讲讲,你大概吃了这根火腿肠的几分之几?"小胖子有点莫名其妙,教室里一下子安静下来。我提醒说:"我们不是刚学了分数吗? 别耽误时间,大家都在听你讲呢!"小胖子思索了一下,说:"大概是1/3。"一边还在火腿肠上比画着:"把这根火腿肠平均分成3段,这空的一段就是1/3。""那剩下的呢?""2/3"小胖子这次问答

① 杭州市上塘镇中心小学　骆晓英

得很快。"他答对了吗？你们还有什么补充或纠正的吗?"我问。"答对了"孩子们齐声说。"书上还有几道练习，我们……"我顺手带着孩子们翻开书，只字不提火腿肠、耽误课、破坏纪律的事。

课继续下去了，孩子们聚精会神地瞪着大眼，积极参与着，纪律出奇的好，当然，也包括那位小胖子。下课铃声响了，我和孩子们愉快地道别，刚回到办公室，那个小胖子就跟过来与我交流一道题的想法，随后不好意思地说:"骆老师，我，我上课吃东西不对的，我一定会改。"看着这个与我差不多高的学生那天真而又自责的样子，我轻轻地拍拍他的肩，脸上不由得露出欣慰的笑容。这不正是所有老师都想看到的最好的结果吗？这个案例给我们的启示是多方面的，教师应该如何对待小学生的过错？应该如何创造性地对待课堂的生成？小学教师应该具有怎样的素质要求，才能正确处理课堂上学生的偶发事件？

儿童教育师资,本书指小学教师,其质量高低是影响小学教育质量的重要因素之一。本章将从专业的认识入手,讨论小学教师有哪些与中学教师、大学教师所不同的专业特征,在此基础上,提出小学教师应具有的专业素质结构及其内涵。

第一节 小学教师的专业特征

一、小学教师是一种专业

教师是一种专业(专门的职业)。对照专业的特征:① 专门的职业范围;② 专门知识及其应用;③ 公认的伦理规范,我们可以看到小学教师有其特定的服务对象——处于儿童期的小学生。小学教师必须掌握专门的教育学、心理学知识,必须具有较高的教学、教育技巧,必须具有一定的音体美技能和教学技能,必须具有强烈的事业心和责任心,以及善待孩子等专业伦理,此外,还需具有活泼开朗、冷静机智、耐心细致等专业个性品质。所以,小学教师是一种专业。

在我国,小学教师这一专业正在从不成熟走向成熟。在相当长的时间内,小学教师在大学中还没有相应的专业,学历层次也较低,小学教师特有的专业伦理规范也不明确,所以,小学教师还是一个不成熟的专业。这是专业形成过程中的必然阶段。时至今日,时代对小学教师提出了更高的要求,社会对小学教师的数量要求开始转为质量要求,提高小学教师学历的呼声日益强烈,在大学设立培养本科学历小学教师的专业理论与实践正日趋完善,小学教师专业必将逐步成为一种成熟的专业。

二、小学教师不同于其他教师的专业特征

对小学教师的专业性的认识,除了从专业的界定、专业的特征来加以认识以外,还应当从小学教师不同于中学教师、大学教师的独特的专业特征来加以认识。

小学教师不同于其他教师的专业性服从于服务对象——小学生的特点。

1. 小学生的自我意识特点,对小学教师的培养提出了专业伦理、教育专业素养的特殊要求

小学生的自我意识发展水平较低,他们的独立自主性差,对教师的依赖性强。他们往往是根据大人对自己的评价来评价自己,老师说他是聪明的,他就很有自信

心,老师训斥他是"笨蛋",他就觉得自己不行。所以,小学教师对小学生的态度,对小学生所产生的影响是很大的。

而中学生的自我意识有了质的飞跃,特别是高中生,大学生已进入青年期,其自我意识发展到了一个新的阶段。他们独立性强,思维的批判性程度高,这时,教师对学生的态度仍会有影响,但其影响力较之小学教师对小学生的影响力要小得多。这就特别要求小学教师具有善待孩子的专业伦理,具有正确的儿童教育观、人才观,能够始终如一地、用多种方法为小学生提供一个鼓励性培养的环境,激励小学生以饱满的学习情绪、浓厚的学习兴趣投入到学校教育活动中去,并从中促使小学生的身心健康成长。

2. 小学生的思维特点,对小学教师的培养提出了教学技能技巧方面的更高要求

根据发展心理学的研究,小学生思维发展的基本特点是从以具体形象思维为主要形式逐步过渡到以抽象逻辑思维为主要形式;但这种抽象逻辑思维在很大程度上仍然是直接与感性经验相联系的,仍然具有很大成分的具体形象性。因而小学生对教学活动外在表现的兴趣远远大于教学内在内容的兴趣,如教师讲课的表情、教学组织形式、教具以及师生关系等都将对教学效果产生很大的影响,甚至可以说是教学成败的主要因素,他们往往会爱屋及乌,因为喜欢这位教师,就喜欢上这位教师的课,因为喜欢教师某堂课采取的教学形式和手段,就喜欢听这堂课的内容。

而中学生、大学生的抽象逻辑思维已从"经验型"向"理论型"转化,他们更关注教师讲课内容的逻辑性和严密性,而对讲课的生动性和形象性的需求没有小学生那样强烈。

小学教师的这一专业特征对小学教师的教学技能技巧、现代教育技术,特别是多媒体技术的要求更高。

3. 小学生潜在的多种发展的可能性,对小学教师的培养提出了通识、通才的更高要求

小学生的身心发展处于幼稚状态,他们具有的知识、生活经验还很少,所以,小学教育处在启蒙教育阶段。小学教师对小学生的启蒙是全方位的,上至天文地理,下至生活常识,都需启蒙。而且,由于小学生的思维批判性程度较低,往往认为"老师讲的总是对的",所以,对儿童的启蒙教育在内容正确、方法得当方面有特殊要求,以避免把儿童的发展引向歧途。

中学教育是在小学教育的基础上所进行的普通教育,较之小学教育是一种继续加深的教育,高等教育更是一种专业教育。因而,对中学教师和大学教师的学科专业知识要求更高,而对小学教师则通识、通才要求更高。小学教师不一定要求掌握某一门学科的尖深知识,不要求成为某一门学科的专家,但要求成为通晓人文、自然等多种学科知识,会唱、会跳、会画、会教的综合性、全能性的人才。

4. 小学生心理特征的外显性程度较高,对小学教师的培养提出了教育、心理素养方面的更高要求

小学生的心理发展处于多种可能性状态,心理的外部表现明显,情绪外露不稳定,受暗示性强。而中学生、大学生的心理特征由外部更多地转向内部,情感不轻易外露,会出现"心境化"现象。所以,小学生是情感、意志等心理品质培养的极好阶段。小学教师若能注意到小学生的这一特点,就可以更有针对性地进行教育、培养,更有效地予以诱导,推动其优势方面的发展。这就对小学教师的心理观察、心理指导能力提出了较高的培养要求。

现代教育更重视学生自身潜力的开发,而儿童又处在各种潜能的未开发状态,小学教师在教学活动中,既要重视儿童智力、创造力的诱导,又要重视儿童学习兴趣、态度、意志、方法等非智力因素的培养。小学教师教会儿童自主地学习,比传授学科知识本身更为重要。这就要求小学教师具有较高的教育素养,具有启发、诱导儿童学习,开发儿童潜能的良好意识和能力。

5. 小学生自控性差的特点,对小学教师的培养提出了班级管理方面的更高要求

小学生活泼好动,自我控制、自我管理的能力较之中学生、大学生弱,小学生自我保健、自我保护的能力也较之中学生、大学生薄弱。所以,对小学教师的班级活动的组织能力和对小学生思想、学习生活和保健等全方位的管理能力要求更高。

而且,小学生对班级教育活动的外在形式的兴趣同样胜于活动的内在内容,所以,小学班级教育活动要求丰富多彩、形式多样。小学教师在组织班级教育活动中,不仅要设计,而且还要求身体力行,会唱、会跳、会画。从这一意义上说,对小学教师的音、体、美技能的要求,以及全面管理学生的能力要求,比中学教师、大学教师更高。

第二节 小学教师的素质结构

教师是培养人才的人才,小学教师更是人才奠基阶段的引导者,其自身的素质高低将直接影响一个国家现代化建设的进程。所以,小学教师专业人才的素质及其提高是至关重要的。

一、专业人才的素质结构

人才素质是一个多维的立体结构,可以从不同的维度来认识和划分。

布卢姆等心理学家将教育目标分为认知、情感、动作技能三大领域,并根据由低到高、由简到繁原则把各领域分为若干水平,如认知领域可分为知识、领会、运用、分析、综合、评价等 6 个水平。英国学者卡特根据人才素质的一般分类和专业教育的基本特点,将专业教育目标划分为 3 个领域共 10 个方面,每个方面又有若干元素:① 知识:事实知识、经验知识;② 技能:心智技能、信息技能、行动技能、社会技能;③ 个人品质:心理特征、态度和价值观、个性特点、精神品质。这些分类表明,人才素质是一个多方面、多层次的复杂结构,横向上由不同领域或方面组成,纵向上由不同层级或水平组成。根据上述人才素质的教育学分类,同时又照顾到培养单位和用人单位对专业人才素质要求的习惯提法,人才素质结构可划分为应是(思想道德和个性品质维)、应知(知识维)、应会(技能和能力维)三个领域,以及普通要求与专业要求两个层级,并构成 2×3 矩阵结构(见图 10-1)。

```
              品性         知识          技能和能力
        ┌                                            ┐
普通要求 │  公德      普通知识      一般技能和能力        │
专业要求 │  职业道德   专业知识      专业技能和特殊能力    │
        └                                            ┘
```

图 10-1 专业人才的素质结构图

二、小学教师专业人才的素质结构

借鉴专业人才的素质结构,小学教师的素质结构形式也应当是品性、知识、技能和能力三个维度,普通要求和专业要求两个层级的 2×3 矩阵结构。同时,我国 2012 年颁布的《小学教师专业标准》中提出的"师德为先、学生为本、能力为重、终身学习"的理念,对小学教师专业人才的素质结构提出了独特的内涵要求。

1. 品性维度

小学教师的品性要素集中反映在教师的职业道德和个性心理品质上，主要有：

（1）热爱小学教育事业。小学教育有其特殊性，需要小学教师能够充分认识小学教育在培养人的过程中的奠基作用，这样，小学教师才能在自己的岗位上，以高度的责任心，以饱满的工作热情，创造性地做好本职工作。

（2）热爱孩子。对于小学教师来说，其教育对象是尚处在童年期的孩子。任何讽刺、挖苦和漫骂孩子的言行都将在孩子幼小的心田投下阴影，将影响他们身心的健康发展。所以，小学教师应该喜欢孩子、善待孩子，成为孩子们所喜欢的人。这是小学教育工作卓有成效的前提。

（3）以身作则。由于小学生的自主性不强，对教师的依赖程度大，所以，小学教师对小学生的影响较之中学、大学教师对学生的影响更大。这样，对小学教师言行一致、严于律己、处处成为学生表率的要求就更高。

（4）团结协作。教师不仅要严于律己，还要学会与同事合作，要注意与别人、与社会的联系。这是教师素质的时代要求。小学教师与学生的团结协作也很重要。小学教师与学生的和谐关系，是取得良好教育效果的重要条件之一。

（5）良好的个性心理品质。如前所述，小学教师对小学生的影响力是很大的，这种影响力也包括人格方面的影响。所以，小学教师应具有活泼开朗、耐心细致、诚实正直、善良宽容、勇敢顽强等个性心理品质。这不仅有助于小学生形成良好的个性心理品质，而且也有利于小学教师从事小学教育工作。

2. 知识维度

知识是人类社会历史经验的概括和总结。小学教师作为一个儿童教育家和学科教育家，应该具有以下知识：

（1）普通知识。小学教育处在启蒙教育阶段。小学教师对小学生的启蒙是全方位的。上至天文地理，下至生活常识，都需启蒙。而且，由于小学生的思维批判性程度较低，往往认为"老师讲的总是对的"，所以，对儿童的启蒙教育在内容正确、方法得当方面有特殊要求，以避免把儿童的发展引向歧途。这就对小学教师的普通知识水平提出了较高的要求。当然，一个教师不可能什么都懂，但广泛涉猎多种知识，拓宽自己的知识面，形成比较完整的知识结构，对于小学教师更为重要。

（2）教育专业知识。小学生的发展具有潜在性和多种可能性，他们自主性不强，情感胜于理智，思维具有形象性，他们对教育、教学活动的外在表现的兴趣常常胜于对活动内容本身的兴趣。这些特点要求小学教师掌握系统的儿童教育、儿童心理学科的专业理论知识。

首先要求树立现代的儿童教育观念。小学教育的价值不仅仅是教会学生读、写、算,而应为社会发展和学生的终身发展服务,应把使每个学生初步形成潜能开发、健康个性发展、自我教育、终身学习的意识和确立为祖国为人民奉献、创造的志向,作为小学教育的重要的价值取向。[①] 在这种价值取向下,小学教师就能认识到小学生的个别差异性,为他们创造宽松愉快的环境,充分发展他们的个性特长,促使学生尽可能地充分发展。

其次,要掌握学科教学理论知识。一方面,小学教师所要教的学科知识虽然不深,但要教好却相当不容易。因为小学生的理解力、自学能力还不高,需要小学教师在"怎么教"的问题上下更多的工夫。另一方面,对于小学生来说,他们所学的内容还不多,程度也不深,在这个年龄阶段培养他们对知识的渴求、对学习的兴趣恐怕比掌握知识更重要。如何培养小学生学习的兴趣,也需要小学教师具有一定的学科教学理论知识。

(3)学科专业知识。小学教师专业人才要胜任某一学科或某几个学科的教学工作,必须掌握一定的学科专业知识,但要求不必过高、过深。比如小学数学教师应当掌握一定的数学学科知识,应注重数学发展史,包括数学发展的历史和最新成果的学习,注重数学思想方法的学习。这样,在小学数学教学中,才能做到不仅仅传授知识本身,还能够讲解这一数学知识是从哪里来的,有什么用处。这样的数学教学才能激发儿童学习数学的兴趣,为他们今后的数学学习打下良好的基础。

(4)小学教育的经验知识。小学教师作为一种专业人才,还需要具备临床经验知识,即小学教育的经验知识。

教育过程是一个复杂的矛盾运动过程。小学生活泼好动、顽皮,其身心各方面正处于不断的发展变化之中,在小学教育过程中发生的许多问题,仅靠书本知识是无法解决的,需要小学教师运用丰富的经验知识,创造性地灵活处理。经验知识需要在专业工作实践中逐步形成,但是,在学历教育阶段,加强见习、实习,采取与优秀小学教师建立"导师制"等方法,使未来的小学教师具有初步的小学教育经验知识仍然是十分必要的。

3. 技能和能力维度

技能是指通过练习而巩固的、自动化的动作方式和智力活动方式。小学教师除具有读、写、算等技能以外,还应具有小学教育教学活动中所必需的专业技能。

(1)教学表述。教学表述技能包括板书、语言和文字表述技能。

[①] 叶澜.更新教育观念,创建面向21世纪的新基础教育[J].中国教育学刊,1998(2).

首先,小学教师的板书直观性、正确性、规范性要求更高。由于小学生的思维以直观形象为主,因而,小学课堂板书必须充分体现直观性。要求小学教师能够结合所教内容辅之以直观的图像板书,使小学生能形象直观地感知抽象的数学和语文概念。小学生处在学习书写的起始阶段,教师的板书清楚、规范,有利于小学生养成良好的书写习惯。

其次,小学教师的语言有其特殊要求,小学阶段是培养个体语言表达能力的重要阶段。从一定程度上来说,小学教师的语言表达能力决定了小学生的语言发展水平。由于儿童在入学前头脑中就已经形成了一些生活概念,语言表达不够确切,所以,小学教师必须在教学过程中,有意识地使用规范性语言,及时纠正儿童的不良语言习惯。小学教师富有情感的语调,可以使小学生感到教师平易近人,从而通过爱教师而爱学习,这对小学生来说显得很重要。

再次,小学教师的文字表述也要求规范。在作业批改、操行评定、教案、总结和论文等书面表述中,要符合一定的格式要求。

(2)教育技术。一方面,科学技术的发展,带来了教育手段和方法的变革,许多先进的教学仪器和设备已经进入小学课堂,"一支粉笔、一本书"的教学已远远落后于时代的发展,新世纪教育现代化的发展,要求教师掌握现代化的教育技术。另一方面,小学生思维的具体形象性,使得他们对教学活动外在表现形式的兴趣远远大于教学内在内容的兴趣,他们会因为喜欢教师某堂课采取的教学形式和手段,就喜欢听这堂课的内容,所以,小学教师在课堂上运用多媒体等教育技术,对促进教学效果具有很大的作用。

(3)音、体、美技能。小学生活泼好动,小学班级教育活动要求丰富多彩、形式多样。小学教师在组织班级教育活动中,不仅要设计,而且还要求身体力行,会唱、会跳、会画。因而,要求小学教师具有一定专业水平的音、体、美技能。

能力是顺利完成某种活动所必需的个性心理特征。小学教师在教育活动中所需的能力,包括一般能力和特殊能力。一般能力如注意力、观察力、记忆力、思维能力、想象力等,都是人们从事各种活动所必需的最基本的能力,也是小学教师从事教育活动所必须具备的能力。除此之外,小学教师还需具备从事小学教育专业活动所必需的特殊能力。主要有:

(1)教学设计能力。对于小学教师来说,特别要注意教学手段和方法的设计运用。

(2)了解学生的能力。小学教师要善于从观察学生的表情、举动、眼神了解他们的心理变化,运用多种方法了解学生的兴趣、爱好、知识水平和学习能力,这样才能选择针对性的措施进行教育。

(3) 组织管理能力。小学生活泼好动,自我控制、自我管理能力较差,因此,对小学教师课堂教学的组织管理、班级活动的组织管理能力的要求较高。

(4) 自我监控能力。小学教师与其他教师相比,缺少来自教育对象的批评监督。小学教师特别需要通过自我反思、自我监督和自我调控,来发现和修正自己的不良教育行为。

(5) 不断进取,自我更新的能力。

(6) 教育科研能力。小学教师工作在小学教育第一线,对小学教育中存在的问题最有发言权。小学教师的教育科研,既能够促进小学教育理论的日趋成熟,又可以促进小学教师自身素质的提高。

应当指出,小学教师专业人才的素质结构是一个整体结构。小学教师专业人才的品性、知识、技能和能力要求是紧密联系在一起的。一方面,技能、能力是在掌握知识的过程中形成和发展的。离开了学习和训练,任何技能、能力都不可能发展。另一方面,掌握知识又是以一定的技能、能力为前提的,它制约着掌握知识的快慢、深浅和巩固程度。同时,良好的品性,会产生良好的动机,促进人们学习知识,增进技能、能力,反过来,知识的学习和技能、能力的增长,在一定程度上也影响着一个人的态度和价值观。

这里还应着重指出的是,小学教师专业人才的素质结构是一个不断丰富和提高的动态过程。文中列举的是素质结构的主要内容。随着社会对小学教师素质要求的不断提高,随着研究的不断深入,小学教师专业人才的素质结构必将具有更为丰富的内涵。让小学教师专业人才具有不断进取和自我更新的能力,既是小学教师专业人才素质结构的核心内容,又是开放的动态的人才素质结构的基础和前提,在小学教师专业人才的培养和使用中尤应注重。

阅读资料

小学教师专业标准(试行),教育部 2012 年 2 月 10 日颁布

小学教师专业标准(试行)

为促进小学教师专业发展,建设高素质小学教师队伍,根据《中华人民共和国教师法》和《中华人民共和国义务教育法》,特制定《小学教师专业标准(试行)》(以下简称《专业标准》)。

小学教师是履行小学教育教学工作职责的专业人员,需要经过严格的培养与培训,具有良好的职业道德,掌握系统的专业知识和专业技能。《专业标准》是国家

对合格小学教师专业素质的基本要求,是小学教师实施教育教学行为的基本规范,是引领小学教师专业发展的基本准则,是小学教师培养、准入、培训、考核等工作的重要依据。

一、基本理念

（一）师德为先

热爱小学教育事业,具有职业理想,践行社会主义核心价值体系,履行教师职业道德规范,依法执教。关爱小学生,尊重小学生人格,富有爱心、责任心、耐心和细心;为人师表,教书育人,自尊自律,做小学生健康成长的指导者和引路人。

（二）学生为本

尊重小学生权益,以小学生为主体,充分调动和发挥小学生的主动性;遵循小学生身心发展特点和教育教学规律,提供适合的教育,促进小学生生动活泼学习、健康快乐成长。

（三）能力为重

把学科知识、教育理论与教育实践有机结合,突出教书育人实践能力;研究小学生,遵循小学生成长规律,提升教育教学专业化水平;坚持实践、反思、再实践、再反思,不断提高专业能力。

（四）终身学习

学习先进小学教育理论,了解国内外小学教育改革与发展的经验和做法;优化知识结构,提高文化素养;具有终身学习与持续发展的意识和能力,做终身学习的典范。

二、基本内容

维度	领域	基本要求
专业理念与师德	（一）职业理解与认识	1. 贯彻党和国家教育方针政策,遵守教育法律法规。 2. 理解小学教育工作的意义,热爱小学教育事业,具有职业理想和敬业精神。 3. 认同小学教师的专业性和独特性,注重自身专业发展。 4. 具有良好职业道德修养,为人师表。 5. 具有团队合作精神,积极开展协作与交流。
	（二）对小学生的态度与行为	6. 关爱小学生,重视小学生身心健康,将保护小学生生命安全放在首位。 7. 尊重小学生独立人格,维护小学生合法权益,平等对待每一个小学生。不讽刺、挖苦、歧视小学生,不体罚或变相体罚小学生。 8. 信任小学生,尊重个体差异,主动了解和满足有益于小学生身心发展的不同需求。 9. 积极创造条件,让小学生拥有快乐的学校生活。

续表

维度	领域	基本要求
专业理念与师德	（三）教育教学的态度与行为	10. 树立育人为本、德育为先的理念,将小学生的知识学习、能力发展与品德养成相结合,重视小学生全面发展。 11. 尊重教育规律和小学生身心发展规律,为每一个小学生提供适合的教育。 12. 引导小学生体验学习乐趣,保护小学生的求知欲和好奇心,培养小学生的广泛兴趣、动手能力和探究精神。 13. 引导小学生学会学习,养成良好学习习惯。 14. 尊重和发挥好少先队组织的教育引导作用。
	（四）个人修养与行为	15. 富有爱心、责任心、耐心和细心。 16. 乐观向上、热情开朗、有亲和力。 17. 善于自我调节情绪,保持平和心态。 18. 勤于学习,不断进取。 19. 衣着整洁得体,语言规范健康,举止文明礼貌。
专业知识	（五）小学生发展知识	20. 了解关于小学生生存、发展和保护的有关法律法规及政策规定。 21. 了解不同年龄及有特殊需要的小学生身心发展特点和规律,掌握保护和促进小学生身心健康发展的策略与方法。 22. 了解不同年龄小学生学习的特点,掌握小学生良好行为习惯养成的知识。 23. 了解幼小和小初衔接阶段小学生的心理特点,掌握帮助小学生顺利过渡的方法。 24. 了解对小学生进行青春期和性健康教育的知识和方法。 25. 了解小学生安全防护的知识,掌握针对小学生可能出现的各种侵犯与伤害行为的预防与应对方法。
	（六）学科知识	26. 适应小学综合性教学的要求,了解多学科知识。 27. 掌握所教学科知识体系、基本思想与方法。 28. 了解所教学科与社会实践、少先队活动的联系,了解与其他学科的联系。
	（七）教育教学知识	29. 掌握小学教育教学基本理论。 30. 掌握小学生品行养成的特点和规律。 31. 掌握不同年龄小学生的认知规律和教育心理学的基本原理和方法。 32. 掌握所教学科的课程标准和教学知识。
	（八）通识性知识	33. 具有相应的自然科学和人文社会科学知识。 34. 了解中国教育基本情况。 35. 具有相应的艺术欣赏与表现知识。 36. 具有适应教育内容、教学手段和方法现代化的信息技术知识。

续表

维度	领域	基本要求
专业能力	（九）教育教学设计	37. 合理制订小学生个体与集体的教育教学计划。 38. 合理利用教学资源，科学编写教学方案。 39. 合理设计主题鲜明、丰富多彩的班队活动和少先队活动。
	（十）组织与实施	40. 建立良好的师生关系，帮助小学生建立良好的同伴关系。 41. 创设适宜的教学情境，根据小学生的反应及时调整教学活动。 42. 调动小学生学习积极性，结合小学生已有的知识和经验激发学习兴趣。 43. 发挥小学生主体性，灵活运用启发式、探究式、讨论式、参与式等教学方式。 44. 发挥好少先队组织生活、集体活动、信息传播等教育功能。 45. 将现代教育技术手段整合运用到教学中。 46. 较好使用口头语言、肢体语言与书面语言，使用普通话教学，规范书写钢笔字、粉笔字、毛笔字。 47. 妥善应对突发事件。 48. 鉴别小学生行为和思想动向，用科学的方法防止和有效矫正不良行为。
	（十一）激励与评价	49. 对小学生日常表现进行观察与判断，发现和赏识每一位小学生的点滴进步。 50. 灵活使用多元评价方式，给予小学生恰当的评价和指导。 51. 引导小学生进行积极的自我评价。 52. 利用评价结果不断改进教育教学工作。
	（十二）沟通与合作	53. 使用符合小学生特点的语言进行教育教学工作。 54. 善于倾听，和蔼可亲，与小学生进行有效沟通。 55. 与同事合作交流，分享经验和资源，共同发展。 56. 与家长进行有效的沟通合作，共同促进小学生发展。 57. 协助小学与社区建立合作互助的良好关系。
	（十三）反思与发展	58. 主动收集分析相关信息，不断进行反思，改进教育教学工作。 59. 针对教育教学工作中的现实需要与问题，进行探索和研究。 60. 制定专业发展规划，积极参加专业培训，不断提高自身专业素质。

三、实施建议

（一）各级教育行政部门要将《专业标准》作为小学教师队伍建设的基本依据。根据小学教育改革发展的需要，充分发挥《专业标准》引领和导向作用，深化教师教育改革，建立教师教育质量保障体系，不断提高小学教师培养培训质量。制定小学教师准入标准，严把小学教师入口关；制定小学教师聘任（聘用）、考核、退出等管理制度，保障教师合法权益，形成科学有效的小学教师队伍管理和督导机制。

（二）开展小学教师教育的院校要将《专业标准》作为小学教师培养培训的主要依据。重视小学教师职业特点，加强小学教育学科和专业建设。完善小学教师培养培训方案，科学设置教师教育课程，改革教育教学方式；重视小学教师职业道德教育，重视社会实践和教育实习；加强从事小学教师教育的师资队伍建设，建立科学的质量评价制度。

（三）小学要将《专业标准》作为教师管理的重要依据。制定小学教师专业发展规划，注重教师职业理想与职业道德教育，增强教师育人的责任感与使命感；开展校本研修，促进教师专业发展；完善教师岗位职责和考核评价制度，健全小学绩效管理机制。

（四）小学教师要将《专业标准》作为自身专业发展的基本依据。制定自我专业发展规划，爱岗敬业，增强专业发展自觉性；大胆开展教育教学实践，不断创新；积极进行自我评价，主动参加教师培训和自主研修，逐步提升专业发展水平。

思考题

1. 结合工作实际，谈谈你对小学教师专业特征的认识。
2. 举例说明小学教师与中学教师的区别。
3. 结合本人实际情况，谈谈怎样才能使自己具有小学教师应有的素质结构。
4. 谈谈你对小学教师专业标准基本理念的认识。

主要参考文献

著作类

[1] 陈永明.国际师范教育改革比较研究[M].北京：人民教育出版社,1999.

[2] 李其龙等.教师教育课程的国际比较[M].北京：教育科学出版社,2002.

[3] 林正范.中韩教育比较[M].杭州：浙江教育出版社,1998.

[4] 中国教育年鉴(1949—1981)[M].北京：中国大百科全书出版社,1984.

[5] 钟启泉.现代课程论[M].北京：教育科学出版社,1989.

[6] 钟启泉等.世界课程改革趋势研究[M].北京：北京师范大学出版社,2001.

[7] 苏霍姆林斯基著.给教师的一百条建议[M].周蕖等译.天津：天津人民出版社,1983.

[8] 赵祥麟,王承绪编译.杜威教育论著选[M].上海：华东师范大学出版社,1981.

[9] 余震球选译.维果茨基教育论著选[M].北京：人民教育出版社,1994.

[10] 朱智贤.儿童心理学[M].北京：人民教育出版社,2003.

[11] 章志光.小学教育心理学[M].北京：科学出版社,1996.

[12] 季成钧.家庭教育学[M].海口：南方出版社,1998.

[13] 吕文升等.现代家政学[M].杭州：浙江教育出版社,1997.

[14] 袁量玉等.现代家庭教育[M].济南：山东大学出版社,1998.

[15] 袁正国等.当代教育学[M].北京：教育科学出版社,2002.

[16] 卢正芝等.现代教育学[M].杭州：浙江大学出版社,1999.

[17] 郭思乐.教育走向生本[M].北京：人民教育出版社,2003.

[18] 王卫东.现代化进程中的教育价值观[M].北京：中国社会科学出版社,2002.

[19] 王健敏.道德学习论[M].杭州：浙江教育出版社,2002.

[20] 班华等.现代德育论[M].合肥：安徽人民出版社,2003.

[21] 韩进之等.德育心理学概论[M].上海：上海人民出版社,1988.

[22] 方晓波等.品德与生活课程标准教师读本[M].武汉：华中师范大学出版社,2003.

［23］梅桃源等.品德与社会课程标准教师读本［M］.武汉：华中师范大学出版社,2003.

［24］董奇.儿童创造力发展心理［M］.杭州：浙江教育出版社,1997.

［25］傅维利.教育问题案例研究［M］.北京：人民教育出版社,2004.

［26］教育部基础教育司.幼儿园教育指导纲要（试行）解读［M］.南京：江苏教育出版社,2010.

［27］王雁.普通心理学［M］.北京：人民教育出版社,2002.

［28］莫雷等.中小学心理教育基本原理［M］.广州：暨南大学出版社,1997.

［29］刘金花.儿童发展心理学［M］.上海：华东师范大学出版社,2013.

［30］刘晓东.儿童精神哲学［M］.南京：南京师范大学出版社,1999.

［31］黄济等.小学教育学［M］.北京：人民教育出版社,2001.

［32］朱作仁.小学教育学［M］.南昌：江西教育出版社,1993.

［33］顾志跃.科学教育概论［M］.北京：科学出版社,1999.

［34］中华人民共和国教育部制订.科学（3—6年级）课程标准（实验稿）［M］.北京：北京师范大学出版社,2001.

［35］科学（3—6年级）课程标准研制组编写.科学（3—6年级）课程标准解读［M］.武汉：湖北教育出版社,2002.

［36］科学（3—6年级）课程标准研制组编写.小学科学课程案例与评析［M］.北京：高等教育出版社,2003.

［37］成尚荣.引领孩子们亲历科学——小学科学教学案例解读［M］.南京：江苏教育出版社,2001.

［38］陈华彬等.小学科学教育概论［M］.北京：高等教育出版社,2003.

［39］中华人民共和国教育部制订.艺术课程标准（实验稿）［M］.北京：北京师范大学出版社,2001.

［40］滕守尧.艺术课程标准解读［M］.北京：北京师范大学出版社,2002.

［41］刘晓东.儿童教育新论［M］.北京：高等教育出版社,2003.

［42］杨立梅.综合艺术课程与教学探索［M］.北京：高等教育出版社,2003.

［43］滕守尧等.基础教育新课程师资培训指导——艺术课程［M］.长春：东北师范大学出版社,2003.

［44］杨跃.法国小学教育考察［M］.南京：南京师范大学出版社,1999.

［45］郭声健.艺术教育论［M］.上海：上海教育出版社,2001.

［46］陆明德.现代中小学艺术教育论［M］.南京：江苏教育出版社,1999.

［47］杜卫.美育论［M］.北京：教育科学出版社,2000.

［48］滕守尧.艺术与创生［M］.西安：陕西师范大学出版社,2002.

［49］郝卫江.尊重儿童的权利［M］.天津：天津教育出版社,1999.

［50］李生兰.比较学前教育史［M］.上海：华东师范大学出版社,2000.

［51］［美］丹尼尔·戈尔曼著.情感智商［M］.耿文秀,查波译.上海：上海科学技术出版社,1997.

［52］徐丽华.儿童教育概论［M］.杭州：浙江少年儿童出版社,2004.

［53］郑金洲.教育基础［M］.上海：华东师范大学出版社,2012.

［54］徐丽华等.教师与学生创新行为的发展［M］.北京：教育科学出版社,2011.

［55］王灿明.儿童创造心理发展引论［M］.北京：社会科学文献出版社,2005.

［56］郭有适.创造心理学(第3版)［M］.北京：教育科学出版社,2008.

［57］周宪.走向创造的境界［M］.南京：南京大学出版社,2009.

［58］钱贵晴等.创新教育概论［M］.北京：北京师范大学出版社,2009.

［59］俞文钊等.创新与创造力：开发与培育［M］.大连：东北财经大学出版社,2008.

［60］刘道玉.创造教育概论［M］.武汉：武汉大学出版社,2009.

［61］程春云.艺术教育概论［M］.昆明：云南大学出版社,2009.

［62］倪军健.博雅教育的理论与实践［M］.北京：北京大学出版社,2013.

［63］刘晓东.解放教育［M］.北京：新华出版社,2002.

［64］［英］鲁道夫·谢弗著.儿童发展心理学［M］.王莉译.上海：华东师范大学出版社,2013.

［65］大卫·杰纳·马丁著.建构儿童的科学——探究过程导向的科学教育［M］.杨彩霞等译.北京：北京师范大学出版社,2006.

［66］张红霞著.科学究竟是什么［M］.北京：教育科学出版社,2009.

论文类

[1]管俊培.实现教师教育的跨越式发展［J］.中国高等教育,2003(24).

[2]谢维和.我国教师培养模式的制度改革［N］.中国教育报,2002-03-02.

[3]顾明远.改革教师教育的10点建议［J］.中国高等教育,2004(9).

[4]叶澜.新世纪教师专业素养初探［J］.教育研究与实验,1998(1).

[5]叶澜.重视课堂教学的价值观［J］.教育参考,2002(5).

[6]叶澜.让课堂焕发生命力［J］.教育研究,1997(3).

［7］朱小蔓等.中国传统的情感性道德教育及其模式［J］.教育研究,1996(9).

［8］戚万学.活动道德教育模式的理论构想［J］.教育研究,1999(6).

［9］林正范等.略论新世纪新型小学教师的专业特征［J］.高等师范教育研究,1998(6).

［10］吕冬青.试论小学教师科研素养的养成［J］.教育探索,2006(12).

［11］谢广田.幼小衔接:突变·减坡［J］.幼儿教育,2003(2).

［12］张志勇,张加红.行动研究——教师专业成长的必由之路［J］.现代中小学教育,2005(5).

［13］徐丽华.新型小学教师素质结构探析［J］.教育发展研究,1999(10).

［14］顾建军.试论科学的教育价值观［J］.南京师范大学学报,1993(2).

［15］缪坚强.开展科学小课题研究,培养学生的科学素养［J］.中国教育学刊,2002(2).

［16］郭声健.我国中小学艺术教育的现状和艺术课程改革的思路［J］.中国教育学刊,2000(12).

［17］赵鑫等.论教师情感修养的教育意蕴［J］.当代教师教育,2013(4).

［18］王灿明.少年儿童创造心理的发展与创新性学习的激发［J］.江西师范大学学报(哲学社会科学版),2003(1).

［19］王富平.苏霍姆林斯基的创造教育思想［J］.外国教育研究,2002(5).

［20］丁德成等.现代脑科学与教育［J］.陕西师范大学学报(自然科学版),2004(9).

［21］浦惠琴等.儿童创造心理发展的理性思考［J］.江苏教育学院学报(社会科学版),2006(6).

［22］郁美.国内外关于儿童创造心理发展的研究综述［J］.天津师范大学学报(基础教育版),2003(2).

［23］陶国富.论创造性思维与创造型人格［J］.上海社会科学院学术季刊,2001(4).

［24］欧居湖.论无意识与创造性的关系［J］.西南师范大学学报(人文社会科学版),2003(4).

［25］王亚鹏等.脑的可塑性研究及其对教育的启示［J］.教育研究,2005(10).

［26］王懿颖.艺术教育与儿童创造力的发展［J］.教育研究,2005(8).

［27］张大均.创新教育与青少年创造心理素质的培养［J］.西南师范大学学报(人文社会科学版),2002(1).

［28］钱扑.科研——教师专业成长的必由之路［J］.上海教育科研,2008(3).

［29］赵月娥,庞威.我国幼小衔接现状透析［J］.内蒙古教育,2008(5).

［30］路书红,徐子春.在行动研究中促进教师个性化专业成长［J］.当代教育科学,2010(2).

［31］杨朝晖.在行动研究中帮助教师改变深层行动指令——以××小学一年级教师团队的发展为例［J］.全球教育展望,2010(3).

［32］蒋雅俊,刘晓东.教育应当尊重儿童自然生长的权利［J］.幼儿教育(教育科学),2011(6).

［33］胡春光,陈洪.法国幼小衔接教育制度的内涵与启示［J］.学前教育研究,2011(9).

［34］李召存.论基于儿童视角的幼小衔接研究［J］.全球教育展望,2012(11).

图书在版编目(CIP)数据

儿童教育问题的理论与实践 / 徐丽华,陈琦著.—杭州:浙江大学出版社,2014.3(2024.8重印)

ISBN 978-7-308-12927-5

Ⅰ.①儿… Ⅱ.①徐… ②陈… Ⅲ.①儿童教育—研究 Ⅳ.①G610

中国版本图书馆 CIP 数据核字(2014)第 030128 号

儿童教育问题的理论与实践

徐丽华　陈　琦　著

责任编辑	何　瑜(wsheyu@163.com)
封面设计	杭州林智广告有限公司
出版发行	浙江大学出版社
	(杭州市天目山路 148 号　邮政编码 310007)
	(网址:http://www.zjupress.com)
排　　版	杭州林智广告有限公司
印　　刷	广东虎彩云印刷有限公司绍兴分公司
开　　本	710mm×1000mm　1/16
印　　张	12.75
字　　数	236 千
版 印 次	2014 年 3 月第 1 版　2024 年 8 月第 6 次印刷
书　　号	ISBN 978-7-308-12927-5
定　　价	30.00 元